www.tredition.de

AF196289

Elke Grove

www.tredition.de

© 2018 Elke Grove

Verlag und Druck: tredition GmbH, Hamburg

ISBN
Paperback: 978-3-7469-9846-6
Hardcover: 978-3-7469-9847-3
e-Book: 978-3-7469-9848-0

Das Werk, einschließlich seiner Teile, ist urheberrechtlich geschützt. Jede Verwertung ist ohne Zustimmung des Verlages und des Autors unzulässig. Dies gilt insbesondere für die elektronische oder sonstige Vervielfältigung, Übersetzung, Verbreitung und öffentliche Zugänglichmachung.

Dein Körper weiß mehr, als du denkst

Inhaltsverzeichnis

1. Einführung

„Ich will so bleiben, wie ich bin ...“

Kennen Sie den Werbespruch noch? Doch ich frage Sie: Denken Sie, dass Sie so sind, wie Sie sind und so leben, wie Sie wirklich selbst möchten? Der Slogan will zum Ausdruck bringen, dass jeder Mensch so leben soll, wie sein Körper es mag! Jeder Mensch ist individuell, so wie die Vielfalt der Erde es zeigt. Was weiß der Mensch noch von seinem Körper? Reagiert er auf seine Körpersignale, die er erhält? Oder brauchen wir einen neuen Zugang zu uns selbst, um uns zu erkennen? Da ist sie wieder: die Frage nach dem „Wer bin ich?“ Darauf zu antworten, ist oft nur mit Oberflächlichkeit möglich: Da stehen der Beruf, der Familienstand, die Lebensgewohnheiten, frei nach dem Motto: mein Haus, mein Hobby, mein Luxus. Die persönliche Identität des Menschen wird dabei nicht berücksichtigt und ihre eigentliche Berufung üben die meisten Menschen ohnehin nicht aus, obwohl jeder ein ureigenes Talent mit auf die Erde gebracht hat, von dem seine Mitmenschen profitieren könnten.

Der Anlass dafür, dieses Buch zu schreiben, ist meine Berufung, Ihnen mitzuteilen, dass in Ihnen ein wunderbarer Mensch wohnt, der so sein darf, wie er ist. Dies hat die Schöpfung so vorgesehen.

Ich möchte Ihnen etwas mitteilen, das zum Leben gehört, damit Sie wieder Ihren Körper, Geist und auch ihre Seele wahrnehmen.

Da sind zum Beispiel die Informationen, die Ihr Körper jeden Tag in einer gewaltigen Vielfalt aufnimmt. Es existieren Gefühle, die manchmal nicht mehr wahrgenommen werden. Vertrauen und Glauben sind abgelöst worden. Es zählen nur Beweise und Belege. Die Möglichkeit, das etwas intuitiv im Körper zu finden ist, lassen wir Menschen ganz außer Acht. Mit diesem Buch möchte ich Ihnen die Möglichkeit eröffnen, sich selbst einmal aus einer anderen Perspektive wahrzunehmen und Ihren Körper zu identifizieren, ihn genauer unter die Lupe zu nehmen, um Ihr inneres Selbst zu entdecken. Es gibt viele Sichtweisen, die eine andere Weltsicht eröffnen können, wenn man bereit ist, über den Tellerrand zu schauen. Natürlich gebe ich Ihnen recht, wenn Sie einwenden, dass man nicht alles glauben muss, was einem gesagt wird. Wir alle sind dahingehend erzogen worden, Gegebenheiten kritisch zu betrachten. Dadurch haben wir einen gewissen Selbstschutz entwickelt – damit unser Handeln seine Richtigkeit und Ordnung behält. An der Kontrolle über unser Leben wollen wir nicht rütteln und mögen deshalb auch Veränderungen kaum. In sich selbst hat der Mensch eine gewisse Neugierde, die auch seine Entwicklung vorantreibt. Wenn also eine absolute Ablehnung von Neuem besteht, schadet der Mensch sich selbst. Er handelt gegen seine körperliche Einstellung, lernen zu wollen und wird phlegmatisch. Diese Passivität hindert den Menschen an der eigenen Entwicklung. Es führt dazu, seinen Körper aus dem naturgegebenen Gleichgewicht zu werfen. Wir alle sind doch intelligente Lebewesen und mit dieser Neugierde in uns – oder sollte ich lieber wissbegierig sagen? – sind wir Menschen geboren worden. Denken Sie an unser fortschrittliches Leben, welche Möglichkeiten und Erfindungen der Mensch erschaffen hat, weil er andere Sichtweisen zugelassen hat. Diese segensreichen Schöpfungen haben uns in unserer Entwicklung vorangetrieben. Unsere Neugierde beinhaltet also das Lernen von Erfahrungen. Die nützlichen Erkenntnisse daraus erweitern unseren Erfahrungsschatz unseres Lebens. Damit hat sich das Wesen Namens Mensch bewusst weiterentwickelt. Setzen Sie sich in diesem Buch mit meinen Standpunkten auseinander und profitieren Sie von den verschiedenen Ansichten zum Thema Mensch SEIN. Vom Körper selbst bis zur Seele gibt es viele Möglichkeiten, Wissen anzunehmen und davon zu profitieren. In erster Linie müssen Sie bereit sein, an sich zu glauben. Ihre Schöpfung ist das Mensch SEIN auf der Erde. Wenn Sie mit diesem Wissen das Buch lesen, eröffnen Sie sich eine Vielzahl von Perspektiven, um neues Wissen in Betracht zu ziehen und dadurch neue Erkenntnisse zu gewinnen und bewusster zu SEIN.

Alles im Leben hat einen Grund. Wir sollen entdecken, was wirklich in uns steckt. Nur leider leben die meisten Menschen nicht mehr danach. Sie haben jetzt die Möglichkeit, dies zu ändern, an sich zu arbeiten, zu erkennen und dadurch im Gleichgewicht der Dinge ausgeglichener leben können. In meinem Leben ist rückblickend zu erkennen, dass alles, was mir passiert ist, einen übergeordneten Sinn gehabt hat. Um dies zu erkennen, habe ich immer wieder auf Dinge stoßen müssen, die mir Erkenntnisse zu meinem Leben eingebracht haben. Es offenbaren sich manchmal aus dem Chaos heraus neue Perspektiven, die mich zum besseren Verständnis führen. Es lohnt sich also in jedem Fall, die menschliche Neugier zu behalten. Erklären Sie sich selbst dazu bereit, sich auf Wortspiele, andere Sichtweisen oder Wissenschaften einzulassen, um sich gedanklich auf ihr SEIN zu konzentrieren.

Schauen wir gemeinsam auf das Wortspiel meines Vornamens. Welche Bedeutung oder Sicht steht dahinter? Ich bin Elke, was in niederländischer Sprache so viel heißt wie JEDE oder JEDER. Der Name soll von Adelheid oder Elisabeth abgeleitet sein, vielleicht kennen Sie aber auch noch andere Deutungen. Die Bedeutung eines Namens ist vielfältig; lediglich die Perspektive, die ich zur Erklärung des Namens einsetze, weist mir eine bestimmte

Denk-Richtung. Bedeutungen für Namen und Wörter sind vielfältig. Doch meine Perspektive ist ausschlaggebend für meine Erklärung, die ich dafür nutze. Denn das ist richtungsweisend für meine Gedanken. Jeder Mensch schlägt genau den Erklärungsweg ein, der ihn geprägt hat. Sie, liebe Leser, werden auch Ihren individuellen Lebensweg gehen, beziehungsweise haben ihn mit Ihrer Existenz auf Erden begonnen. Ihre gelernte Denkrichtung haben Sie sich schon von klein auf angeeignet. Die Evolution hat dies für jeden einzelnen von uns so vorgesehen. Was Sie erlebt haben, gehört zu Ihrer eigenen Identität, die Sie mit den vielfältigen Begebenheiten in Ihrem Leben zum Lernen anregt. Dies ist schon eine Information für uns, der wir nachgehen sollen, um zu erkennen, wer wir eigentlich sind. Das einzige, was wir dazu benötigen, ist unsere Neugier im Leben. Wenn diese erhalten bleibt, werden wir das nötige Vertrauen finden, um an uns selbst zu glauben und in unserem Bewusstsein zu wachsen. Alle Dinge, die uns widerfahren sind, lassen uns zu genau dem individuellen Menschen werden, der auch oder gerade wegen seiner Fehler ein enormes Wissen angesammelt hat. Dieses Wissen ist unsere Information im Kopf. Es ist die Information, mit der sich unser Verhalten und Charakter zeigt und die unbewusst schon bei unserer Entstehung für unsere Entwicklung sorgt.

Es gibt also schon von Geburt an Informationen im menschlichen Körper, die uns in Bewegung versetzen. Natürlich geht damit nicht nur die muskuläre Bewegung einher. Der Mensch nimmt auch Informationen durch geistige und seelische Impulse auf, mit denen er anschließend in Bewegung kommt. Dieser Informationsfluss von Körper, Geist und Seele reißt nicht ab, wir lernen davon. Also, liebe Leser, auch wenn Sie nie wieder die Schulbank drücken wollten, indirekt hält Sie Ihr Leben immer in Bewegung, um zu lernen – ob Sie wollen oder nicht. Sie können es auch als die Spirale des Lebens bezeichnen, die für wiederkehrende Abläufe sorgt. Im Leben treten immer unterschiedliche Ereignisse auf, die erlebt werden. Egal ob Sie sie bewusst wahrnehmen oder sie im Unterbewussten stattfinden, Sie werden daraus Ihre Erfahrungen schöpfen. Je nach Ausleben dieser Erfahrungen gewinnen Sie die dazugehörige Erkenntnis und haben gelernt. Ob das Lernresultat dann positiv oder negativ ist, wird die Erfahrung jeweils mit sich bringen. Auf jeden Fall werden Erkenntnisse bis ans Lebensende gewonnen. Demzufolge lernen Sie ständig weiter, weil Körper, Geist und Seele immer in Bewegung sind. Ich erzähle Ihnen jetzt von einem Ereignis aus meinem Leben, damit Sie erkennen, dass es auch Kleinigkeiten sind, die uns alle im Leben begleiten. Vielleicht finden Sie selbst Ähnliches in Ihrem Leben.

Als Kind machte ich die Erfahrung mit einem Traum, der mir sehr real erschien. In diesem Traum gab es Gestalten, die mir etwas mitteilen wollten. Ich lag also im Bett und schlief ein. In meinem Kinderzimmer stand ein Kleiderschrank mit einer gemaserten

Holztür. In meinem Traum war es keine Holztür mehr. Ich blickte vielmehr direkt auf einen Weg im Wald, in dem plötzlich andere Wesen mit Blättern in den Haaren standen. Sie waren fast so groß wie erwachsene Menschen. Vor Angst wachte ich auf und rief meine Mutter. Sie tröstete mich und erklärte mir, dass es so etwas nicht im wirklichen Leben gebe und ich beruhigt einschlafen könne. Es war ja nur ein Traum! Doch auch an anderen Tagen kam dieser Traum immer wieder und irgendwann sprachen die Bäume: „Pass auf". Dann stand ein Wesen mit zwei Bocksbeinen vor mir. Es besaß kleine Hörner auf dem Kopf und streckte die Hand zu mir aus, um etwas zu sagen. Doch ich wollte wach werden! Ich boykottierte diesen Traum regelrecht und fing an, vor dem Einschlafen zu beten, der Traum möge nie wiederkommen. Meine Gebete wurden erhört.

Dieses Ereignis war prägend für mich. Obwohl es ein Traum war, fühlte es sich wie real erlebt an. Ich kann mich als Erwachsener noch an diesen Traum erinnern, woraus ich schließe, dass dieser fantasievolle Traum eine größere Bedeutung in meinem Leben haben muss. Heute weiß ich, was die Erkenntnisse infolge dieses Traums an Informationen im Gehirn gespeichert hat: Die Information, dass ich nur allein mit der Willenskraft meiner Gedanken eine Änderung herbeiführte, wurde von mir als Kind unterbewusst gespeichert. Demnach weiß mein Körper mehr, als ich zu denken vermag. Genau diese Einstellung – Dein Körper weiß mehr, als du denkst – ist es, die uns zu einem Menschen macht! Ich handelte intuitiv, indem ich mit Beten meine Gedanken in eine andere Richtung lenkte. Mein Körper wurde durch dieses Ereignis in Bewegung versetzt und diese Information brachte die nötige Erkenntnis. Da kann man gut sehen, wie wir unseren Körper einschätzen!

Wir bestehen aus Haut und Knochen, Muskeln und Sehnen, Organen und Kreisläufen, die unsere Energie aufrechterhalten. Dass aber auch die geistigen und seelischen Ebenen des Körpers so viel Einfluss auf uns selbst haben, lassen viele gänzlich außer Acht. Dabei nehmen wir Menschen mit dem Gehirn so viele Informationen auf, die wiederum andere Energien freisetzen und unseren Körper ebenfalls im Gleichgewicht halten, nur daran denken wir nicht. Der Körper besitzt also auch im Unterbewussten einen gewissen Selbstschutz. Deshalb sollte sich der Mensch immer ganzheitlich betrachten, sonst würde er sich selbst in seiner Bewegung einschränken! Oft ist der Mensch in seinem Leben zu passiv. Er akzeptiert seine Körperinformationen nicht und achtet schon gar nicht auf die geistigen und seelischen Ebenen, die ihm ebenfalls Informationen liefern. Stress ist ein gutes Beispiel dafür. Er ist nicht sichtbar oder greifbar, aber trotzdem hat Stress Auswirkungen auf unseren Körper! Nur die Belastungsgrenze des Menschen ist individuell. Bei zu viel Stress befinden wir uns nicht im Einklang mit unserem Körper. Es entstehen bestimmte Symptome, deren Auswirkung körperlich und psychisch sein können. Wenn Körper, Geist und Seele im Einklang sind, fühlen wir uns wohl und sind im Gleichgewicht. Wie alles in diesem System Mensch hat jede Funktion des Körpers seinen Grund. Nehmen wir das Verdauungssystem zum besseren Verständnis: Zwischen den Organen des menschlichen Körpers ist alles ordentlich abgestimmt, damit der Mensch durch die Nahrung ausreichend mit Energie versorgt wird. Im System Mensch gibt es also eine Ordnung, durch die alles Hand in Hand arbeitet, um den Körper im Gleichgewicht zu halten. Jeder kann dies am eigenen Leib nachvollziehen.

Stellen Sie sich vor, was nach einem Biss in einen Apfel, ein Brot oder einen warmen Auflauf im Mund passiert. Neben den Kaubewegungen wird auch der enzymhaltige Speichelfluss dafür sorgen, dass der Bissen in breiiger Form in den Magen gelangt. Dort gibt es weitere Stoffe, die für den Abbau der Nahrung zuständig sind. An diesem Prozess sind verschiedene Organe beteiligt wie Bauspeicheldrüse und Galle. Aber auch die Nieren und die Lunge haben ihre Aufgabe dabei sowie das Herz, der Motor im Menschen. Gelangt die Nahrung in den Darm, werden dort die Nährstoffe aus dem zersetzten Essen entzogen, um sie anschließend dem Körper zum Energieverbrauch zur Verfügung zu stellen. Den restlichen Ballast entsorgt der Körper über den Enddarm. Und das ist nur eine einfache Beschreibung der Verdauung, um die Komplexität des Organismus Mensch aufzuzeigen. Dieser Ablauf im System Mensch kann jeder nachvollziehen. Doch geben wir diesem komplexen Verdauungssystem auch unsere nötige Aufmerksamkeit? Sollte die Mahlzeit zu schnell eingenommen werden, gibt uns der Körper schon eine spürbare Bewegungsinformation. Es drückt und zieht im Magenbereich, wir fühlen uns unwohl. Unser Körper sorgt ständig dafür, dass die Vielzahl der lebensnotwendigen Funktionen ordnungsgemäß abläuft. Es ist eine Art Selbsterhaltungstrieb, der uns immer wieder ins Gleichgewicht bringen möchte. Das zeigt ebenfalls das nächste Beispiel.

Ich bemerke meinen Körper, wenn ich nur wenig Zeit habe und zum Zug hetze. Mein Puls beschleunigt, meine Muskeln sind angespannt und ich komme ins Schwitzen. Wenn ich endlich den Zug erreiche, breitet sich ein Gefühl der Erleichterung im Körper aus. Ich atme einmal tief durch und merke, dass durch die ruhigere Atmung ebenfalls mein Körperpuls langsamer wird. Insgesamt fühle ich mich ruhig und entspannt und würde mich als ausgeglichen beschreiben. Sollte der Zug vor meiner Nase abfahren, würde ich sauer werden und meine weiteren Gedanken halten den Körper in einer angespannten Haltung. Somit bleibt mein Energieverbrauch dementsprechend hoch, auch wenn ich durch Fluchen „Dampf ablasse", mir dadurch die nötige Luft verschaffe, um ins Gleichgewicht zu gelangen. Es ist keine wirkliche Entspannung zu spüren. Wenn ich in dieser angespannten Haltung bleibe, wird mein Stresspegel weiter steigen und bringt meinen Körper aus dem Tritt oder aus dem gewohnten Rhythmus. Ich fühle mich anschließend niedergeschlagen, bin den Tränen nahe und wütend.

Sollten weitere Stressfaktoren hinzukommen, wird der Körper reagieren und sich bemerkbar machen: mit einem ersten Zwicken in den Gliedmaßen, Kopfschmerzen oder vielleicht einem Schwächegefühl im gesamten Körper. Das wäre die Information des Körpers selbst an uns Menschen! Es ist die Aufforderung, uns in Bewegung zu setzen, um endlich auszuruhen, damit sich der Stresslevel senkt. Der Körper selbst ist immer gewillt, mit seinen Bewegungen für einen Ausgleich zu sorgen, damit es dem Menschen gut geht. Selbst wenn eine Schnittwunde in der Haut ist, wird der Körper darauf reagieren und die Wunde schließen wollen. Diese besondere Funktion der Selbstheilung besitzt unser Körper. Nun müsste der Mensch nur noch auf ihn hören, dann würde er von ihm profitieren und sein Bewusstsein erhöhen.

Um sich selbst zu erkennen, zu identifizieren, seiner Identität bewusst zu werden, brauchen wir auch andere Personen. Sie zeigen uns wie in einem Spiegel, wer wir eigentlich sind. Diese zwischenmenschlichen Beziehungen geben uns neue Erkenntnisse, die wir erlernen müssen, um uns selbst entdecken zu können. Durch die Kommunikation, durch Wahrnehmung der Lebensweise anderer, durch die Bereitschaft zur Kooperation entwickeln wir erst unser eigenes Bild. Für unser Selbstbildnis brauchen wir soziale Interaktionen und Informationen, die daraus resultieren. Sie regen unsere geistigen und seelischen Bewegungen an und prägen uns schon von Geburt an. Denn ohne einen Mitmenschen würden wir die ersten Monate nicht überleben. Auch in den folgenden Jahren brauchen wir Gemeinschaft, um zu wachsen. Nehmen wir den Vergleich mit uns selbst und einem Baby:

Wenn ich so einen Winzling im Arm halte, spüre ich sein Vertrauen und eine gewisse Geborgenheit, was vielleicht von meinem Wissen über die Schutzlosigkeit des Säuglings herrührt. Ich bin mir meiner Verantwortung bewusst, damit diesem Menschenkind alle Liebe der Welt zuteil wird es zu behüten und zu beschützen, aber ihm auch die Lebensweisheiten, die ich selbst für wichtig und richtig erachte, mitzugeben. Dieses Wissen hat mich geprägt und ich gebe dieses Wissen an andere weiter. Es ist nur ein kleines Beispiel, um aufzuzeigen, wie tiefgreifend zwischenmenschliche Beziehungen auf unsere eigene Lebensweise wirkt. Der Mensch braucht Gemeinschaft.

Um also meine komplexe menschliche Qualität zu entfalten, brauche ich andere Menschen, damit ich mich selbst erkenne, wer ich bin. Diese sozialen Beziehungen ermöglichen es erst, meine Fähigkeiten und Talente zu entdecken, die in mir stecken. Das Verständnis der Zugehörigkeit zu dieser Gemeinschaft stärkt mein Selbstbewusstsein. Andere Personen fördern unser Leben, doch Menschen setzen uns auch Grenzen. Zwischenmenschliche Beziehungen enthalten immer auch Werte und Normen, die unterschiedlicher nicht sein könnten. Der Mensch muss lernen, die Kultur und Meinungen anderer zu akzeptieren und gewisse Regeln einzuhalten. Leider schaffen wir Menschen es nicht immer, diese konfliktträchtigen Ereignisse positiv zu nutzen. Beispiele dafür finden wir zur Genüge in der täglichen Berichterstattung der Medien, in Gewalt- und Kriegsberichten. Die Grenzen zwischenmenschlicher Beziehungen finden auch im Vertrauensverlust durch Beziehungen statt oder durch Mobbing in Schule beziehungsweise Beruf. Dies sind nur einige Beispiele, die verdeutlichen, wo Grenzen Probleme hervorrufen können.

Haben wir etwa vergessen, dass in uns ein intelligentes, liebenswertes Wesen steckt? Der Mensch ist ausgestattet mit Neugier, Aufgeschlossenheit und Liebe. Er möchte sich wissbegierig in Bewegung setzen, um Neues zu lernen und sich keine Grenzen setzen zu müssen, um nicht zu stagnieren.

Aber nutzen wir unser menschliches Potenzial überhaupt?

Der Mensch nutzt seine Intelligenz, um zu forschen. Astronomen beobachten etwa, was im Weltall passiert. Sie versuchen über naturwissenschaftliche Möglichkeiten immer mehr über Himmelskörper herauszufinden. Sie versuchen zu verstehen, wie das Universum funktioniert, und bringen immer mehr über Galaxien, Sterne und Kometen in Erfahrung.

Ich schaue selbst gern in den Sternenhimmel und bin jedes Mal fasziniert, wenn ich eine Sternschnuppe sehe. Vielleicht geht es Ihnen ähnlich. Dieses Interesse daran, was dort oben am Nachthimmel gerade aufblitzt und leuchtet, welches Geheimnis sich hinter den Sternen verbirgt, besaßen sicher schon unsere Vorfahren. Sie bedienten sich ebenfalls der Astronomie, um mehr über Sternenkonstellationen herauszufinden. Durch Beobachtungen müssen sie erkannt haben, dass gewisse Sternbilder je nach Jahreszeit erneut am Himmel auftauchen. Frühling, Sommer, Herbst und Winter prägte auch die Arbeit der Menschen und gab ihnen die Sicherheit zum Leben. Hier hat der Mensch seine Ordnung in der Natur gefunden und auch die Sterne boten den Seeleuten Orientierung in der Nacht.

Diesen „wiederkehrenden Sternenbildern" gaben sie sodann Tiernamen, die wir heute noch aus Horoskopen kennen. In der Astrologie versucht man, die irdischen Verhältnisse von Menschen mit der kosmischen Konstellation der Sterne zu verbinden. Sterndeuter haben früh herausgefunden, dass der Mensch bestimmte Eigenschaften besitzt, wenn er durch sein Geburtsdatum einem bestimmten Sternbild angehört. Mein Sternbild ist der Steinbock, das mit unserem heutigen Kalender vom 22.12. bis zum 20.01. zu finden ist.

Ich bin also ein Winterkind. In dieser Zeit ist in der Natur wenig bis gar nichts fruchtbar. Genauso kann es auch für den Steinbock gelten, denn er lebt im Hochgebirge, wo ebenfalls eine karge Landschaft vorherrscht. Vielleicht wurde aus diesem Grund das Sternbild so genannt. Jeder kann die Bedeutung für sein Tierkreiszeichen nachlesen oder selbst versuchen zu interpretieren. Aus dem Vergleich der Sterne mit den Charakteristiken, die in der Natur vorkommen, hat sich später die Wissenschaft der Astronomie entwickelt. Durch die Eigenschaften bestimmter Tiere und die identische Eigenschaft in der Natur scheint es doch logisch zu sein, einen Bezug zueinander zu schaffen. Der Steinbock ist ein zähes Wesen und findet trotz karger Landschaft immer einen Weg nach oben. Somit wären hier Eigenschaften wie „zäh", „ausdauernd" und „strebsam" für einen Steinbockgeborenen einzuordnen.

Damit unsere Vorfahren ihre Neugier befriedigen konnten, begaben auch sie sich auf die Suche nach Antworten und Lösungen. Sicherlich sind durch ihre Denkprozesse Erfahrungen entstanden, aus denen sie Erkenntnisse ziehen konnten und Antworten erhalten haben. Durch das Erkennen haben Sie gelernt, durch ihre

Neugier entstanden weitere Fragen, so entstand das, was wir heute Forschung nennen. Die Neugier von Wissenschaftlern hört niemals auf, sie suchen und forschen immer weiter.

Falls Sie als Leser jetzt neugierig geworden sind auf ihr Horoskop oder auf das Wissen über das Weltall, dann setzen Sie sich in Bewegung und lernen etwas darüber. Vielleicht ist dies die Information extra für Sie, damit Sie aktiv werden und mehr entdecken können! Jeder Mensch ist nämlich auf der Suche, vielleicht sind Sie, lieber Leser, auch auf der Suche! Viele wollen auch einfach das Nichts oder ihr SEIN entdecken. Ich suchte schon als Kind und hatte eine Menge Fragen zum Weltall: Was war da im All und wie weit geht es? Hört es einfach im Nichts auf? Was hat das da oben mit uns zu tun?

Genau diese Neugier bringt den Menschen zum Forschen, die Ergebnisse der Forschung sehen wir als Beweise an. Die sind dann wiederum als Information im Gehirn gespeichert, die wir nutzen, um den Körper in weitere Bewegung zu versetzen. Schauen wir doch einmal, was andere Wissenschaftler im All erforschen: Physiker, Chemiker, Biologen und andere forschen im Weltall nicht nach sichtbaren Dingen, die das Auge wahrnimmt, wie ich beim Sternegucken. Heute wird die Mikro- oder Nanotechnologie genutzt, um bestimmte Stoffe oder Partikel zu analysieren. Dazu benötigen die Forscher Mikroskope, die selbst einen Blutstropfen und noch viel kleinere Dinge so weit vergrößern, dass Strukturen zu erkennen sind. Es sind Formen, die aneinandergereiht bestimmte Muster ergeben. In der Nanotechnologie wird alles noch weiter vergrößert und erst 2017 wurde der Chemie-Nobelpreis[1] für die Entwicklung eines Kryo-Elektronenmikroskops verliehen. Dank des neuen Verfahrens können auch Biomoleküle naturgetreu in 3D abgebildet werden. Es sind also allerkleinste tiefgefrorene Lebensbausteine vor der Kamera zu sehen!

Der Blick in eine Zelle, ein Atom oder ein Neutron lässt unter dem Mikroskop bestimmte Stoffe, die als Ketten sichtbar werden, erkennen. Hier sind die Moleküle (bspw. Sauerstoff oder Stickstoff) aneinandergesteckt, die zusammen ein bestimmtes Element ergeben. Wir kennen diese Elemente noch aus dem Chemieunterricht. Im Menschen sind diese Elemente genauso vorhanden wie in den Mineralien eines Steins oder in Substanzen, die im Weltraum zu finden sind. Die Materie, aus der unser menschlicher Körper besteht, setzt sich genau aus diesen Elementen zusammen. In unsere Bestandteile zerlegt, bestehen wir vor allem aus Sauerstoff, Kohlenstoff, Wasserstoff und Stickstoff. Insgesamt sind nur 21 Elemente im Säugetierorganismus von Bedeutung, darunter Spurenelemente wie Eisen, Zink und Selen.[2]

---

[1] Frankfurter Allgemeine Zeitung unter der Rubrik Wissen – Artikel geschrieben von Manfred Lindinger 4.10.2017 über den Nobelpreis
[2] Auf der Homepage der Freien Universität Berlin / Institut für Chemie – Fachbereich: Bio, Chemie, Pharmazie nachzulesen 31.01.2007

Durch die Gentechnik haben wir Menschen erkannt, dass alle Lebewesen einen Bauplan besitzen, der ihnen von ihren Eltern vererbt worden ist. Dieser Plan steckt in den Genen eines jeden Lebewesens. Die vererbte Information ist bereits in der winzigen Zelle enthalten, aus der unser Leben entstanden ist. Es sind nur vier Bausteine nötig, die in einer bestimmten wiederkehrenden Form und Reihenfolge einen Strang ergeben. Dieser Strang besagt, ob es sich um einen Menschen, ein Tier oder ein anderes Lebewesen handelt. Zum besseren Verständnis: Stellen sie sich die 26 Buchstaben unseres Alphabets vor. Wir ordnen sie in einer bestimmten Reihenfolge. So entstehen unterschiedliche Wörter. Das Prinzip des genetischen Codes des Lebens durch die vier Baustein- „Buchstaben" ist dasselbe und überall im Universum zu finden. Denn wir bestehen alle aus der gleichen Materie.[3]

Es scheint in der Gen-Wissenschaft sehr strukturiert zuzugehen. Denn diese wiederkehrende Ordnung wird in jeder Art von Materie sichtbar. Das Wort Materie ist bereits aus den Naturwissenschaften bekannt. Doch wir setzen es oft gleich mit dem Wort Material. Die Chemie spricht bei Materie aber von Stoffen, die einen bestimmten Zustand einnehmen, zum Beispiel gasförmig, flüssig oder fest. In der klassischen Physik geht man davon aus, dass alle Naturereignisse mechanisch zu erklären sind. Doch in Theorien

---

[3] Informationen aus der modernen biologischen und medizinischen Forschung / biotechlerncenter.interpharma.ch / Erklärung für Gentechnik in der Rubrik 1/3/6 am 27.09.2017

und Experimenten kam es immer wieder zu Ungereimtheiten, woraus sich die moderne Physik entwickelt hat.

Aus moderner Sicht liegt die Bedeutung der Materie in den Elementarteilchen. In dieser Teilchenphysik untersuchen Wissenschaftler Quarks, etwa deren Masse. Diese Quarks und anderen Elementarteilchen besitzen nicht nur Atombausteine, also Neutronen und Protonen, sondern auch Licht. Hier geht die Wissenschaft davon aus, dass das Licht aus kleinen Elementarteilchen besteht, wobei die Physiker dann von Quanten sprechen. Sie gehen davon aus, dass nicht nur Teilchenkörper vorhanden sind, sondern auch eine Welle existieren muss. Diese Welle konnte tatsächlich nachgewiesen werden. 2017 bekamen US-Wissenschaftler den Physik-Nobelpreis, weil sie den Einfluss des Kosmos auf die Erde durch eben diese Gravitationswelle beweisen konnten. Ihre Entdeckung schloss einen Computernachweis ein: Das Max-Planck-Institut für Gravitationsphysik in Hannover konnte die Theorie belegen, wobei das Institut in Ruthe bei Hildesheim sogar den Nachweis liefern.[4]

Sie, liebe Leser, können sich vorstellen, was passiert, wenn Sie einen Stein in den See werfen. Dieser Stein wird der Auslöser sein

---

[4] Hannoversche Allgemeine Zeitung, Artikel: „Nobelpreisforscher aus Hannover gehen leer aus" vom 3.10.2017

für die Schwingungen, die an der Wasseroberfläche sichtbar werden. Es entstehen weitere Wellen, die die Wasseroberfläche in Bewegung setzen. So kann man sich auch die kosmischen Wellen vorstellen, die unsere Erde erreichen.

Meine Aufzählungen von den Wissenschaften der Astronomie, Biologie, Chemie, Physik sowie der Mikro- und Nanotechnik sind natürlich nur ein Bruchteil von dem, was es auf der Welt gibt. Aber mit diesem Bruchteil können wir schon erkennen, dass alles mit allem zusammenhängt. Wir nutzen unser Potenzial oder unsere Intelligenz, um zu forschen. Es ist ein ständiges Lernen, um zu erkennen, wer wir wirklich sind. Nicht nur die Wissenschaftler sind auf der Suche, jeder Mensch trägt diese Neugierde in sich. Ist das die Substanz von unserem SEIN? Sind wir also auf der Suche nach DEM Auslöser der Bewegung?

Für den Körper eines jeden Lebewesens ist der Auslöser für die Bewegung das Gehirn. Es bekommt Impulse durch die Nervenbahnen und gibt Befehle über die Nervenbahnen weiter, zum Beispiel an die jeweilige Muskulatur, um den Bewegungsapparat in Gang zu setzen. Auf diese Weise kann der Körper etwa gehen, laufen oder springen. Diese körperliche Bewegung ist uns Menschen bewusst. Wo aber sind jetzt die Auslöser für unsere geistige und seelische Bewegung zu finden? Dazu erkläre ich erst einmal das Wort Geist: Ich meine damit natürlich keine unsichtbaren Körper aus Gruselfilmen. Vielmehr ist der Geist das Bewusstsein in uns, es ist nicht zum Anfassen. Es existiert einfach – wie die Atmung. In meiner Theorie ist der Geist mit dem Gehirn verbunden und Auslöser des Denkprozesses. Der Geist schult das Bewusstsein und ist sich auch der Existenz der Seele bewusst. Somit gehen auch die Informationen von der Seele über unseren Geist zum Gehirn. Diese auslösenden Bewegungen entstehen durch seelische Emotionen und Gefühle. Es ist sozusagen unser psychischer Teil der Informationen, der Bewegung auslöst. Meiner Meinung nach muss jeder Mensch einen inneren Wesenskern besitzen, der sehr intelligent und liebevoll ist. Die Religionen sprechen dabei von dem unsterblichen Teil in uns, der Seele. Jeder Mensch kann seine Seele spüren.

Wenn mich jemand verbal angreift, dann kann es mich so treffen, dass meine Seele verletzt wird. Dann sprechen wir Menschen von seelischen Belastungen. Oder anders gesagt: Wenn ich körperlich so verletzt worden bin, dass meine Persönlichkeit missachtet wird, nur damit sich ein anderer Mensch daran bereichert, um ein Gefühl der Genugtuung zu bekommen, um sich mächtig zu fühlen, dann spüre ich meine Seele, die tief im Inneren meines Körpers liegt. Bei Missbrauch geschieht das in extremster Weise. Missbrauch ist dabei nicht nur als körperliche Verletzung zu sehen, sondern auch als verbal ausgesetzter Stress durch Nichtbeachtung oder Vernachlässigung einer Person. Durch Stress wird

Raubbau am Körper betrieben und die Seele gerät in Mitleidenschaft. Sicherlich erkennen Sie bereits die Zusammenhänge von Körper, Geist und Seele. Diese Dinge gehören zu einem Lebewesen dazu. Sie können nicht für sich alleine betrachtet werden. Sie sind mit unserem Gehirn verbunden und jeder hat auslösende Informationen, die unseren Körper in Bewegung versetzen. Sind wir jetzt bei DEM Auslöser der Bewegung angelangt? Ist dies unser bewusstes SEIN? Oder gibt es noch etwas anderes und ich suche weiter?

Der Mensch hat viel erforscht, sich durch Macht, Gier und Neid viele Grenzen gesetzt und ist nach wie vor in seiner Lebensentwicklung eingeschränkt. Wir suchen immer im Außen nach Antworten, um unsere Neugier zu befriedigen. Warum schauen wir aber nicht einmal in unsere Seele, um zu erfahren, wer wir wirklich sind?

Dazu erzähle ich Ihnen jetzt eine inspirierende Geschichte über die Weisheit, deren Urheber unbekannt ist. Sie wurde im Buch: „Im Schatten der Kiefer" von Sandy Taikyu Kuhn Shimus veröffentlicht.[5]

„Es waren einmal drei Götter, die sich überlegten, wo sie die Weisheit des Universums vor den Menschen verstecken könnten. Sie

---

[5] Copyright beim Schirner Verlag - ISBN 978-3-8434-1264-3

wollten nicht, dass die Weisheit in falsche Hände geriet und deshalb suchten sie nach einem Ort, an dem die Menschen sie nicht finden konnten. Die Götter berieten sich. Der erste Gott sprach: ‚Lasst uns die Weisheit auf dem höchsten Berg der Welt verstecken. Dort sucht bestimmt niemand nach ihr.' Doch es war ihnen schnell klar, dass es nur eine Frage der Zeit war, bis ein ambitionierter Bergsteiger auch den höchsten Gipfel bezwingen würde. Der zweite Gott sprach: ‚Lasst uns die Weisheit an der tiefsten Stelle des Meeres verstecken. Dort findet sie bestimmt niemand.' Auch hier war den Göttern bald bewusst, dass ein begeisterter Taucher die Weisheit sehr schnell finden würde. Der dritte Gott, der für seine Klugheit und Weitsichtigkeit bekannt war, schlug vor: ‚Nein, lasst uns die Weisheit im Menschen selbst verstecken. Dort wird er ganz bestimmt nie suchen!' Die drei Götter waren sich einig, und so versteckten sie die Weisheit in den Herzen der Menschen."

In dieser Geschichte liegt viel Wahrheit. Denn die Weisheit der Schöpfung akzeptieren wir Menschen nur, wenn Beweise und Belege dafür vorliegen. Dabei ist der Ursprung allen SEINS in jedem Körper enthalten und als Information im Gehirn abgespeichert. Informationen prägen uns Menschen also seit Anbeginn der Welt.

Im nächsten Kapitel werde ich meine Entdeckungen erläutern und Ihnen zeigen, welche Informationen mich bewusst zur weiteren Suche veranlasst haben, um meine Existenz, mein SEIN, erklären zu können.

2. Meine Entdeckung, mein Lebensweg

Meine Entdeckung des Lebens beinhaltet vor allem die Erkenntnis von einer gewissen höheren Führung. Immer wenn ich egoistisch einen Weg einschlug, um Ziele zu erreichen, wollte es aus irgendeinem Grund einfach nicht klappen. In solchen Fällen sprechen die Menschen vom Schicksal. Dann sollte es wohl nicht so sein, war meine weitere Einstellung dazu. Oft erlebte ich Monate später, warum es gut war, diesen Weg zu meinem egoistischen Ziel nicht erreicht zu haben. In manchen Fällen eröffneten sich weitere Möglichkeiten, die genau dieses Ziel beinhalteten, mit einem weit besseren Ergebnis. Was andere Menschen als höhere Gewalt beschreiben, ist für mich eine höhere Fügung. Vielleicht kommt diese höhere Fügung aus meinem Glauben heraus, der Vertrauen für das Leben beinhaltet und Verbindungen für Wunder im Leben schafft. Lassen Sie sich inspirieren und entdecken Sie neue Perspektiven für ihr Leben, um Wunder zu entdecken. Meine Auslöser zur Suche nach dem Unbekannten führten mich stets zu einer neuen Erkenntnis, die für meinen Werdegang bestimmt war. Heute kann ich sagen: Mir ist bewusst geworden, was in mir steckt, und ich darf mit meiner Gabe leben; sie ist richtig und wichtig.

Ich habe mit etwa fünf Jahren oft nachgedacht, wo wohl der Anfang dieser Welt ist. Mit meinem Wissen von der Familie, dass Gott die Welt erschaffen hatte, konnte ich etwas anfangen. Nur befriedigte dies Wissen nicht meine Neugier. Was war zum Beispiel im All? Es gibt viele Sterne, Erde, Mond und andere Planeten – doch ist dort die Grenze? Wenn es da eine Grenze gibt, kommt da noch was oder ist da nichts? In der Bibel steht: „Es war wüst und leer." Und erst als Gott sprach: „Es werde Licht"[6], änderte sich etwas. War dies nun DER Auslöser? Aber für was? Für Kometen, Planetenkonstellationen, Sterne oder das Ausrichten unserer Galaxie? Geht es dabei nur um die Entstehung der Erde mit Steinen, Luft und Wasser? Oder der Sonne für unser ganzes System, um Wachstum zu erzeugen? Damit Blumen blühen, Bäume entstehen und Tiere Platz haben? Für die Entstehung des Menschen, um in dieser Welt zu lernen? Doch für was genau ist dieses Licht? Die Antworten kann jeder selbst suchen. Doch bekommt man Antwort auf die Frage nach dem NICHTS?

Irgendwann bekam ich bei diesen Fragen ein Gefühl der Angst, ausgeliefert zu sein. Es beunruhigte mich, weil mir niemand Antworten darauf geben konnte. Fragen über Fragen, doch ich kam

---

[6] 1.Buch Mose Gen1;3

immer an Grenzen, die ich nicht überwinden konnte. Es fühlte sich mit diesen Gedanken und leerem Bildmaterial im Kopf unendlich an, leer und doch für mich begrenzt. Deshalb entschied ich mich, diese Gedanken zu beenden und mich der Realität zu stellen. Dazu gehörten viele nette Menschen, die herrliche Natur und sportliche Betätigung.

Auch zu lernen gehört zum Leben dazu, egal ob es positive oder negative Auswirkungen hat. Dies wurde mir im Kindergarten und in der Schule bewusst. Diese zwischenmenschlichen Beziehungen bergen auch den Lernbedarf zur Konfliktbewältigung. Behütet vom Elternhaus, prasseln nun andere Meinungen, Werte und Normen auf einen zu. Ich musste lernen, andere Gewohnheiten der Menschen zu ertragen und deren Meinungen zu akzeptieren, obwohl ich selbst ganz anders dachte, hörte und sah. Es gab ab jetzt mehr im sozialen Bereich zu erlernen, als mir manchmal lieb war.

Ich kann mich noch gut daran erinnern, dass es im Kindergarten nette Erzieherinnen gab. Doch wenn es schlechte Erlebnisse mit einem gleichaltrigen Kind oder den Erzieherinnen gab, dann habe ich gelernt, diese Person nicht gerade zu mögen. Auch Verbündete, das heißt Mitmenschen mit dem gleichen Empfinden, fanden dann immer zusammen. Sie bildeten gemeinsam die Gruppen, die sich mit ihren Gedanken und Gefühlen gegenseitig bestärkten. Es gab also eingeschworene Gemeinschaften mit Freunden.

Meine einschneidende schlechte Erinnerung im Kindergarten ereignete sich zur Mittagszeit. Es gab etwas zu essen, was in meinen Augen unappetitlich aussah und auch so roch. Ich kann Ihnen sagen, dass ich eher ein gehorsames Kind war, aber in manchen Situationen vollkommen stur sein konnte. Deshalb tat ich mir auch nichts auf den Teller. Viele Kinder wollten das Gericht nicht essen, aber auf Druck der Erzieherinnen taten sie es. Wegen meiner Sturheit wurden etliche Verbote ausgesprochen und weil ich keinen Ausweg sah, liefen natürlich Tränen. Ich glaube, es gab den Kompromiss zu probieren, der mich zum Würgen brachte. Doch die eigentlich Leidtragende an diesem Tag war meine Mutter. Sie bekam den verbalen Frust der Erzieherinnen und der Tochter ab, obwohl sie selbst keine Schuld traf. Mein Entschluss, nie wieder in den Kindergarten zu gehen, hatte nur bis zum nächsten Morgen Bestand. Ob ich wollte oder nicht, es ging wieder dorthin zurück. Mit Hilfe der anwesenden Spielgefährten wurde das Erlebte schnell ausgeblendet. Gott sei Dank, gab es nie wieder solche Vorfälle. Liebe Leser, vielleicht finden Sie dieses Beispiel banal. Doch ich wollte Ihnen einfach zeigen, dass es zwischenmenschliche Konflikte gibt. Durch Meinungen und Sichtweisen, die nicht denselben Ursprung haben, entstehen Unstimmigkeiten, Probleme oder Streit.

Neben der Erkenntnis, dass über unterschiedliche Meinungen und Sichtweisen Konflikte entstehen können, lernt man in der

Schule Eifersucht und Neid kennen. Wenn jemand für etwas belohnt wird, gibt es Menschen, die es einem nicht gönnen. Aber man entdeckt auch seine Talente, zumindest wenn ohne Druck etwas ausprobiert werden darf. Mein Talent lag wohl im Sport. Obwohl ich das Schwimmen anders als meine Mitschüler erst sehr spät erlernte, weil ich die Angst vor dem Wasser nicht überwand, gab es in der weiterführenden Schule keine Schwierigkeiten, die gesetzten Ziele zu erreichen. So war es auch beim Turnen: die Erfahrung zu machen, was ein Körper alles kann – von der Rolle auf dem Boden bis zum Überschlag oder an den Geräten den Körper in der Luft fliegen zu lassen. Etwas Schöneres, als ständig in Bewegung zu sein, gab es für mich nicht. Allerdings lernte ich die verbalen Attacken durch Neider kennen, die mir schon heftig zusetzten.

Diese Beispiele aus Kita und Schule sollen zeigen, wie unterschiedlich unsere menschlichen Charaktere sind. Sicher sind dies harmlose Ereignisse. Sie, liebe Leser, werden vielleicht ganz andere Erlebnisse schildern können, aus denen Sie Lebenserfahrung gesammelt haben. All diese Schilderungen haben aber eins gemeinsam: Wir sollten daraus lernen! Jetzt wird der ein oder andere Leser vielleicht sagen, dass diese kindlichen Erinnerungen lieber auszublenden sind, weil die schlechten Erfahrungen überwiegen. Doch egal wie verzwickt einzelne Situationen waren: Dadurch wurde der Mensch geprägt. Nur der Glaube an sich selbst lässt genug Zuversicht entstehen, um auch ausweglose Situationen zu meistern. Für Menschen, die glauben können – an sich selbst, an den Schöpfer oder die höhere Natur –, entstehen keine nennenswerten Probleme hinsichtlich einer scheinbar aussichtslosen Situation. Sie erhalten von dort die nötige Hoffnung. Denn der Glaube allein kann helfen, den tiefsten Punkt zu überwinden. Zum Glück habe ich meinen Glauben an eine höhere Instanz nie verloren. Ich zweifle die Existenz einer höheren Ordnung nicht an. Die Erklärung mit dem Schöpfer von Himmel und Erde ist in meinem Gehirn fest verankert. Ich nenne ihn Gott. Und das Zeugnis, was Jesus – Gottes Sohn – den Menschen vermitteln wollte, beruht auf einem liebevollen, barmherzigen und vertrauenswürdigen Glauben an den Allmächtigen. So etwas kann nicht schlecht sein. Denn wer will schon Kriege führen, sei es im kleinen Bruderzwist noch in großen Weltkriegen! Auch andere Religionen haben diesen festen Glauben an eine höhere Instanz und der Atheist, der sich vehement dagegen wehrt, glaubt tief im Innern an sich selbst. Wie bei anderen Menschen auch, formte mich die ganze Bandbreite des menschlichen Zusammenlebens, jeder Konflikt oder jede Auseinandersetzung. Mein Glaube begleitete mich auch in der Pubertät. Die Fragen damals – Was ist mit dem Nichts? Wenn es Gott gibt, warum hilft diese Macht nicht, bei so viel Not und Elend auf der Welt? Warum achten wir unsere Erde nicht? – waren schon belastend. Viele Gleichaltrige erklärten ihre atheistische Einstellung. Diese Ungerechtigkeiten, die im Großen wie im Kleinen zu finden sind, machen wütend. Der Gedanke, dass die Ursache vielleicht im jeweiligen Menschen selbst zu finden ist, zieht man nicht in Betracht. Der Mensch ist so damit beschäftigt, die Außenwelt zu erforschen und kommt tagelang ohne den Gedanken an die Allmacht Gott aus. Wenn es um den Menschen SELBST geht, ist es meist nur sein Egoismus, der ihn treibt. Doch sein inneres Potenzial bleibt unbeachtet.

In der Schule lernte ich die Mathematik und ihre Geometrie kennen, die mir den Bezug der Körper zu allen anderen Figuren im Kunstunterricht offenbarte. Formen, Flächen und Körper sind mathematisch zu berechnen und überall in der Natur zu finden. Künstler bedienen sich solcher Körper wie Kreis, Dreieck und Quader, um nur einige zu nennen, damit sie ihren Bildern Struktur geben können. Ein Gegenstand soll so naturgetreu wie möglich auf die Leinwand gebracht werden. Damit ein Bild für das Auge ansprechend wirkt, lernten wir den Aufbau der Proportionen kennen, den sogenannten „Goldenen Schnitt". Schon der legendäre italienische Künstler Leonardo da Vinci nutzte dieses Wissen für seine Arbeiten. Im Kunstunterricht wurde die Konstruktion des goldenen Schnittes ausprobiert. Eine Leinwand wurde in neun Felder aufgeteilt. Anschließend wurde streng darauf geachtet, das Hauptaugenmerk nicht genau auf die Mitte der Leinwand zu legen. Damit wurde uns anschaulich vor Augen geführt, wie ein Bild harmonischer wirkt. Diese Formen, die den goldenen Schnitt aufweisen, sind in der Natur überall zu finden, selbst unter dem Mikroskop werden sie sichtbar. Probieren Sie, liebe Leser, es einmal aus und zeichnen ein Bild mit einer Schnecke. Sie können sich ein Raster denken, was aus neun Feldern besteht. Wo würden sie die Schnecke platzieren?

Holen Sie sich einen oder mehrere Stifte und beginnen Sie auf dieser oder der nächsten Seite zu malen.

Wenn Sie den Punkt des Schneckenhauses in die Mitte gelegt haben, sehen Sie zuallererst die Spirale des Kriechtieres. Sollten sie aber in Ihrer Landschaft, die Sie eventuell dazu gemalt haben, die Schnecke an einem anderen Platz skizziert haben, wirkt es harmonischer und die gesamte Schnecke fällt in unseren Augen-BLICK.

Mit diesem Beispiel wird wieder die Zugehörigkeit zu allem sichtbar. Die Natur weist die gleichen Körper und Formen auf wie unser Körper beziehungsweise unsere Charaktere. Die Kunst schafft ein sichtbares Ergebnis, in der die Verbindung von Natur und Mensch eins wird. Über den „Goldenen Schnitt", der auch „göttliche Proportion" genannt wird, zeigt sie die Harmonie im Einzelnen und in der Verbindung auf. Ist dies das eigentliche Lernziel? Wir sollen BEWUSST etwas tun, um zu sehen? Mit dem Körper selbst und allen seelischen und geistigen Sinnen aufmerksam und achtsam zu bleiben, ist die Voraussetzung für eine harmonische Existenz hier auf der Erde.

Oft sind es Kleinigkeiten, die uns darauf hätten hinweisen können. Ich habe zum Beispiel immer Muster oder Spiralen im Schulunterricht gemalt, damit ich meine Konzentration einigermaßen aufrechthalten konnte. Im Sport hatte ich bei Turnübungen keine Angst, bis mich irgendwann eine Mitschülerin fragte: „Hast du denn gar keine Angst da rüber zu springen?" Ab diesem Tag lernte ich, meine Aktionen zu überdenken. Es wurde mir bewusst, dass auch etwas passieren könnte.

Ich weiß noch, dass wir als Kinder in der Scheune bis unter das Dach kletterten, nur um von dort ins Stroh zu springen. Mit den sogenannten Mutproben, über den Dachbalken zu balancieren, hatte ich einfach keine Schwierigkeiten. Die Überlegung, es könnte etwas passieren, hatte ich nie in Betracht gezogen. Angst hatte ich früher eher vor dem dunklen Keller. Immer wenn ich etwas aus dem Keller holen sollte, fluchte ich. Das nützte allerdings nichts und ich musste gehen. Zum Glück gab es überall Lichtschalter! Sicher wird der ein oder andere Leser bei Dunkelheit ähnlich empfinden. Es waren Begebenheiten, deren Bewusst-SEIN mich hätte wachrütteln sollen, ich aber immer noch keinen Bezug dazu fand. Dunkelheit setzte ich wohl mit dem NICHTS gleich, auf das ich weiterhin keine Antwort hatte. Denn diese Gedanken über das Nichts wollte ich ja ausblenden!

In der 1. Klasse der Grundschule sollten wir uns in Gruppen aufteilen. Eine Gruppe würde die Klassenlehrerin übernehmen, die andere eine neue Referendarin. Mir war bewusst, was passieren würde. Dieses Wissen war einfach in mir. Es lief wie im Kino vor meinen Augen ab und genauso traf es ein. Alle Kinder gingen zur Klassenlehrerin und die neue Referendarin stand allein. Wenn sie als Leser jetzt meinen, es ist nur natürlich, was passiert ist, muss ich Ihnen sagen, dass ich damals auch schon die entsprechenden psychologischen und pädagogischen Effekte im Kopf hatte. Nur sollte man als Kind nicht gegen die Lehrkräfte sprechen, das war gelerntes Gesetz. Mitleid gegenüber der Referendarin hatte ich, doch mein Egoismus siegte. Ich wollte nicht die einzige Person sein, die bei der Referendarin stand. Meine Wertschätzung gegenüber der Klassenlehrerin wollte ich ebenfalls nicht aufgeben. Nach eindringlicher Aufklärung des Geschehens und einem weiteren Versuch kam es schließlich zur unfreiwilligen Aufteilung.

Sicher fallen Ihnen, liebe Leser, genau solche Ereignisse ebenfalls ein. Es sind oft die Kleinigkeiten, die einem erst später bewusst werden können, die aber trotz Nichtbeachtung schon immer vorhanden gewesen sind. Ich wiederhole meine Aussage, dass sich alle Menschen mit ihrem Lebensweg auf der Suche nach dem Unbekannten befinden. Die Informationen, die unser menschlicher Körper erhält, sind eigentlich Wachrüttler, um sich in eine bestimmte Richtung der Suche zu begeben. Die Frage nach dem Nichts bleibt also weiterhin unbeantwortet.

Dadurch, dass wir bestimmte Eigenschaften und Charaktere der Mitmenschen wahrnehmen und beobachten, erkennt man seine eigenen und beginnt diese zu vergleichen und zu analysieren. Selbst bei der Suche nach seinem eigenen Talent stellen wir uns ganz unterschiedlich an: Manch einem wird erst in höherem Alter bewusst, welches großartige Potenzial doch in ihm steckt. Andere wiederum springen nicht über ihren eigenen Schatten und kommen deshalb nie ans Ziel ihrer inneren Führung. Dabei wären es genau solche Kleinigkeiten wie die Formen der Geometrie oder das Malen der Spirale, die einen geistig und seelisch aufrütteln könnten. Man hätte nur nachschauen sollen, was sie zu sagen haben oder welche Bedeutung es im Leben haben kann. Es ist geradezu tragisch, dass diese kleinen Hinweise einem oft nicht bewusst sind. Doch so ist das Leben. Wir müssen erst lernen, um zu erkennen, um wahrnehmen zu können, was **wirklich** im Leben zählt. Dazu braucht der Mensch ZEIT!

Ja, auch in meinem Leben lief nicht immer alles so, wie man es sich wünscht oder erhofft. Das gehört zu meinem Lernprozess. Doch was ist wirklich wichtig? Was davon sind Banalitäten?

Als Kind werden diese Gedanken gar nicht erst aufkommen, denn Erlebnisse vom neuen Tag werden ungezwungen akzeptiert. Sie werden dankbar zum Lernen benutzt. Falls unangenehme Aufgaben auf einen warten, gibt es immer wieder Zugang zu Neuem, sei es die Schönheit der Natur oder die eigene Bewegung beim Sport.

Meine Freude an der Bewegung, die Schönheit der Erde und das Interesse am sozialen Miteinander prägten mein Leben. Ich lernte die Anatomie und die Physiologie des Menschen kennen, arbeitete in einer orthopädischen Rehaklinik und kam schon früh mit Krankheiten innerhalb meiner Familie in Berührung. Durch meinen Beruf als Gymnastiklehrerin in der Klinik erlangte ich die Sichtweise der klassischen Medizin. Der Mensch geht mit seinen

Symptomen zum Arzt, der stellt eine Diagnose und verordnet Therapien. Anschließend sollte der Mensch wieder gesund sein. In meiner Zeit in der Klinik wurden viele solcher Diagnosen gestellt. Doch während dem einen die Anwendung half, profitierte der andere davon kaum. Da stellte sich mir die Frage: Es muss doch etwas geben, was allen helfen kann! In der Bibel liest man doch von Wundertaten. Heute will nur keiner mehr daran glauben. Selbst die Kirche ist bei Wunderheilungen eher skeptisch.

Wir sind eine Gesellschaft der Beweise und Belege, andere Denkweisen wurden verdammt. Die Menschen verschließen sich vor Wundern, weil es für sie nicht zu erklären erscheint. Und gegen die kollektive Denkweise zu sein, heißt auch, einsam seinen Weg zu bestreiten. Welcher Mensch ist so stark, diese Last auf sich zu nehmen? Dann lieber den Mund halten und weitersuchen, lautet die verbreitete Meinung. So sieht es auch bei anderen Situationen im Leben aus – wie in der Medizin. Sobald es um Medikamente oder Heilweisen geht, in denen Energie zu messen wäre, wird es als nicht nachweisbare Heilung eingestuft. Unsere Gesellschaft erkennt aber nur zugelassene Studien mit einem Stichprobenumfang von mindestens 1000 Personen als Beweis für einen Nutzen an. Das Gesundheitssystem ist darauf eingestellt und es wird von der Pharmaindustrie unterstützt. Wenn aber der Nutzen in Untersuchungen und Forschungen mit gleichem Stichprobenumfang aufgrund unsichtbarer Energie nicht bewiesen werden kann, obwohl eine Besserung bei den Patienten zu verzeichnen ist, dann wird die Studie für unzulässig erklärt. Ist es nicht Zeit, endlich Vertrauen aufzubauen oder anzuerkennen, was allein der Glaube bewirken kann? Die Akupunktur mit ihrem Wissen über die Energiebahnen ist so etwas: Dieses uralte Wissen der fernöstlichen Medizin brauchte lange, um in und von unserer westlichen Welt akzeptiert zu werden. Seit Jahrtausenden brachte sie vielen Menschen ihre Gesundheit zurück. Das Wirken dieser Methode erklärt sich durch die Aktivierung der eingeschränkten oder verstopften Fließeigenschaften der Körperenergie. Durch Drücken bestimmter Punkte oder Setzen von Nadeln auf der Haut werden im Körper die Selbstheilungskräfte aktiviert. Dadurch gelangt der Mensch wieder ins Gleichgewicht und wird gesund. Dies zeigt, dass es wieder an der Zeit ist, den Glauben aufleben zu lassen. Denn der Glaube gibt dem Menschen Rückhalt. Ebenfalls brauchen wir auf die Beweise nicht mehr zu verzichten. Dank moderner wissenschaftlicher Technik bauen wir immer bessere medizinische Geräte, an denen auch elektromagnetische Frequenzen sichtbar werden. Denken sie nur an Ultraschall, Magnetresonanztomographie (MRT) oder das Elektroenzephalogramm (EEG). Das EEG misst die Gehirnströme eines Menschen. Mediziner nutzen es unter anderem, um den klinischen Tod eines Patienten festzustellen.

Zum Glück gibt es heute schon viel mehr Mediziner, die aufgeschlossen sind gegenüber alternativen Möglichkeiten. Wenn heute ein Arzt vor einem Rätsel steht, weil sich die Symptome beziehungsweise die Krankheit nicht identifizieren lässt, geschweige denn aus klassischer medizinischer Sicht zu heilen ist, verweist er auf die Möglichkeit anderer Heilmethoden oder sagt: „Jetzt liegt alles in Gottes Hand." Es ist schade, dass dies dem Menschen und vor allem dem Patienten nicht bewusst ist, wenn man genau diese Worte hört. Das Lernen braucht Zeit zum Erkennen. Der fehlende Glaube in der Gesellschaft, an die Menschheit, an sich selbst und seine Existenz im Kreislauf der Natur bringt uns eher in eine Sackgasse. Die Einstellung „Vertrauen ist gut, Kontrolle ist besser" sollte überdacht werden. Damit gelangen wir Menschen nur wieder an die Grenze, die das Selbst zum Stagnieren bringt. Dabei könnte genau dieses Glauben bewirken, dass der Mensch eine positive Sicht auf sein Leben erhält, Vertrauen zu sich entwickelt und sich dadurch Türen öffnen, für Wunder. Es sind genau diese wunderbaren Kleinigkeiten im Leben, die wir dann entdecken, mit denen wir Menschen uns Vertrauen aneignen. Durch mehr Vertrauen finden Menschen wieder Hoffnung. Auf diese Weise kann das größte Leid ertragen werden oder es entstehen noch größere Wunder. Glaube an etwas, das öffnet Türen und bewirkt Wunder.

In meinem Leben bin ich oft mit Krankheiten konfrontiert worden, die laut Schulmedizin nicht behandelbar sind. Mediziner kannten viele Leiden, hatten aber dafür noch keine Möglichkeit der Heilung gefunden, oder es war schlicht zu unbekannt. Wenn Symptome nicht in ein Diagnoseschema passen, sind Kranke auf sich selbst angewiesen und die Angehörigen sind dieser Situation ebenfalls nicht gewachsen. Ohne Identifikation einer Krankheit wird dem Leidenden die Hoffnung auf Besserung aberkannt. Zumindest musste ich es selbst miterleben, wie sich ohne diese ordnungsgemäße Einstufung in ein Krankheitsbild Hilflosigkeit und Angst ausbreiten und die Mitmenschen sich distanzieren. Mein Vater ging endlich zum Arzt, nachdem sich Atemstillstände in der Nacht zeigten und das Kribbeln in den Fingern zu Taubheit in den Gliedmaßen führte. Dort wurde er an einen Facharzt überwiesen. Leider war dieser Facharzt wohl zu überlaufen, um genauer hinzuschauen. Stattdessen warf er ihm vor zu simulieren. Als der Hausarzt diese Rückmeldung bekam, schrieb er erneut eine Überweisung an einen anderen Arzt der gleichen Fachrichtung. Denn er kannte meinen Vater sehr gut und wusste, er würde keine Krankheit vortäuschen. Stattdessen hatte er schon den Verdacht, es mit einer seltenen Krankheit zu tun zu haben, die seinerzeit noch weitgehend unerforscht gewesen war. Tatsächlich diagnostizierte der zweite Facharzt ALS (Amyotrophe Lateralsklerose). Vielleicht kennen sie, liebe Leser, diese Krankheit aus der Eis-Bag-Challenger, einer Spendenaktion, bei der sich Menschen einen Eimer voll

Eiswasser über den Kopf gießen, um auf diese Krankheit aufmerksam zu machen. Bei ALS-Patienten ist das Zentrale Nervensystem betroffen, wodurch ein sichtbarer Abbau im Körper stattfindet. Es gibt nur die Möglichkeit der Lebensverlängerung, jedoch aus Sicht der Ärzte keine Heilung.

Meine Mutter bekam Krebs. Diese Krankheit ist heute sehr verbreitet, da inzwischen nahezu jede Art von Wucherung so bezeichnet wird. Für die bösartige Form gibt es Chemotherapie und Bestrahlung. Damit werden gute Erfolge erzielt, doch nicht bei allen Patienten. In einigen Fällen wird dadurch nur eine neue Form des Krebses ausgelöst. Sie können sich vorstellen, dass ich gern eine andere Heilmethode in Betracht gezogen habe, um ihre Leiden zu lindern.

Im Urlaub fand ich diese Möglichkeit in einem Seminar: „REIKI". Das „REI" steht für Geist und Seele, das KI beinhaltet die Lebensenergie. Diese Energie nennen die Hinduisten: „Prana". Es bedeutet Leben. In der religiösen mündlichen Überlieferung dem Sanskrit bedeutet es Lebensatem. Die Chinesen bezeichnen dies als Qi oder Chi, während die westliche Religion vom Atem Gottes oder Geist Gottes erzählt, der alles durchdringt. Immer hat dies mit einer Energie zu tun, die in allem, was ist, vorhanden sein soll. Mikao Usui ist der Begründer der Reiki-Lehre, in der Energie fließen soll, die nicht von der behandelnden Person selbst kommt. Sie fungiert lediglich als Kanal, der die Energie gezielt auf Stelle leitet, die behandelt werden soll. Aus Sicht der Naturwissenschaft ist diese Energie beziehungsweise ihr Erfolg nicht plausibel und wird nicht anerkannt, weil für sie Beweise und Belege fehlen. Frei nach dem Motto: Energie, das ist Quatsch! Wie soll so etwas funktionieren?

Auch in der Bibel liest man von solchen Wundern oder sind es doch nur Utopien, die dort stehen? Für mich persönlich beschloss ich: Man wird nicht dümmer, wenn man sich einmal anhört, um was es genau geht. Da ich mich im Urlaub befand und Zeit hatte, meldete ich mich bei einem Informationsabend an. Schließlich sah ich einen Funken Hoffnung, dem Krebs meiner Mutter etwas entgegenzusetzen. Vielleicht denken Sie, liebe Leser, noch einmal an die Quantentheorien der Physiker sowie die Wellen, die im Kosmos entstehen und die Erde erreichen. Diese Energie ist ebenfalls nicht anzufassen, aber sie existiert. Das Reiki-Seminar war sehr interessant, ich betrat absolutes Neuland. Diese Möglichkeit, tatsächlich Energie fühlen zu können, ist beeindruckend. Am Schluss des Reiki-Seminars machte ich eine wirklich prägende Erfahrung, die all meine Vorstellungskraft bis dahin überstieg. Ich gebe allerdings zu, dass ich die einzige war, die so ein einschneidendes Erlebnis mit nach Haus nahm: Ich fiel in eine Art Koma und das, was ich in diesem Zeitraum bis zum Erwachen empfing, war so unfassbar, das ich nicht darüber sprechen werde.

Doch mit dieser neugewonnenen Erkenntnis, dem Wissen der liebevollen Energie, war ich bestens ausgestattet. Aus Respekt vor
dem Erlebnis und der Angst, die sich entwickelte und damit zu-
sammenhing, war ich geistig überfordert. Ich fürchtete, dass andere Menschen mit dieser Information, die ich erhalten hatte, nicht
würden leben können. Diese Energie gab ich mir selbst. Aber es
anderen zu vermitteln, fand ich bedenklich. Durch dieses Erlebnis
habe ich erfahren dürfen, dass es noch weit größeres Potenzial
auf Erden gibt, als wir uns vorstellen können. Doch dieses Wissen
musste ich erst einmal selbst verarbeiten. Ich erwähnte es schon:
Der Mensch braucht Zeit.

Das Leben ist vielseitig und mein Werdegang ließ mich umziehen,
neue Leute kennenlernen, heiraten und Kinder bekommen. Auch
der Abschied von meinen schwer erkrankten Eltern prägte mein
Leben. Bemerkenswert dabei ist: Beide hatten eine Ahnung des
nahenden Todes. Mein Vater sagte zu meiner Mutter, dass es nun
soweit sei; er werde nun sterben. Er setzte sich in seinen Sessel
und schloss seine Augen für immer. Meine Mutter erzählte mir von
einem Traum. Heute würde ich ihn als Vision bezeichnen. Sie
hatte so etwas wie eine Nahtod-Erfahrung. In ihrem Traum kam
jemand aus ihrer Familie zu ihr und wollte sie holen. Doch sie er-
widerte, dass sie noch nicht gehen könnte, denn was würde dann
aus ihrer jüngsten Tochter Elke? „Sie weiß Bescheid", war die Antwort des Familienmitglieds. Dieser Traum muss außerordentlich

real für sie gewesen sein und es überstieg auch ihr Verständnis von Leben und Tod. Sonst hätte sie mir am nächsten Morgen den Traum wohl nicht erzählt und auch nicht gefragt:

„Weißt du wirklich Bescheid?"

Ich antwortete Ihr mit einem klaren „Ja". Danach war meine Mutter beruhigt. Nach meinem Reiki-Erlebnis war mir klar: Alles war möglich. Ein paar Tage später schlief sie mit einem Lächeln auf dem Gesicht für immer ein.

Durch meine Kinder, den Sport und die Arbeit im Schulbetrieb konnte ich weitere Erfahrungen im pädagogischen und psychologischen Bereich sammeln. In der Praxis sieht es häufig so aus, dass die Gesellschaft nach Möglichkeiten sucht, allen gleich gerecht zu werden, doch dazu sind wir Menschen viel zu unterschiedlich. Dabei ist doch genau diese Vielfalt etwas Besonderes. Wenn jeder Mensch sein Talent zum Wohle anderer nutzen würde, profitieren wir doch alle davon. Aber leider kennen viele Menschen ihr Selbst gar nicht und versuchen es auch nicht zu finden, geschweige denn zu entfalten. Sie bleiben lieber in ihrem üblichen Trott, in ihrem selbst erbauten Käfig. Sie leben lieber nach dem Prinzip „Die anderen sind schuld", als endlich aufzuwachen und die Ursachen vielleicht besser bei sich selbst zu suchen.

Jeder hat seine besonderen Talente und Begabungen. Dadurch sind Konflikte vorprogrammiert. Mitunter ernten Menschen nicht nur Anerkennung für ihre sportlichen Talente, mathematischen Begabungen oder allgemeine Intelligenz, sondern Neid, Spott und Hohn, verbunden mit Ablehnung und Ausgrenzung. Durch Neid werden Kinder Opfer von Mobbing, weil sie aus der von der Gesellschaft gesetzten altersgerechten Norm fallen. Kinder weltoffen zu erziehen, ihnen Nächstenliebe als ein wichtiges Gut der Menschlichkeit zu vermitteln und sie in ihrer körperlichen, geistigen und seelischen Bewegung zu bestärken, war immer unser Ziel als Eltern. Nur die Weltanschauung zu Gott ließ ich nicht offen: Meinen Kindern erzählte ich vom liebenden Gott. Als Christen durchlebten sie Taufe, Kommunion und, selbst entschieden, die Firmung. Ich selbst brachte mir das Bibelwissen als Lernende bei und konnte aufgrund meiner Erfahrungen mit absoluter Gewissheit sagen: „Es gibt Gott!"

Es mag sein, liebe Leser, dass Sie den Namen Gott durch einen anderen ersetzen möchten. Tun Sie es bitte. Denn dieses große allumfassende Nichts, welches hinter allem steht, muss keinen Namen haben, es ist da! Es gibt etwas, das höheren Wesens ist! Heute weiß ich das.

Wie erwähnt, habe ich im Laufe meines Lebens schon viele Krankheiten beruflich und privat miterlebt. Vielleich sollte mir genau dies etwas sagen, vielleicht war es eine dieser hinweisenden Kleinigkeiten, die mir bewusst werden sollten.

Doch wenn das eigene Kind betroffen ist und im Koma liegt, steht die Welt für einen auf dem Kopf. Also dachte ich, dass es nicht schaden kann, die heilende Energie einzusetzen, die ich im Reiki-Seminar gelernt habe. Nachdem ich meinem Kind diese Energie über die Füße zuführte, fragte mich die Pflegerin im Krankenhaus, was ich denn da gerade getan hätte. An den Anzeigen der Apparate hatte sich wohl etwas verändert. Doch da für die meisten Menschen dies zu mysteriös und unfassbar ist und ich mich auch schützen wollte, sagte ich nur, ich hätte seine Füße gewärmt. Mein Kind brauchte von da an kein Atemgerät mehr und erwachte, auch der weitere Genesungsverlauf verlief sehr schnell.

Sicherlich sind sie als Leser jetzt im Zweifel, ob Sie dieses Buch weiterlesen wollen. Ich möchte Ihnen meinen Werdegang dennoch vorstellen, damit Sie rückblickend auf Ihr eigenes Leben vielleicht Ähnliches entdecken beziehungsweise einiges an Informationen verstehen, die zu einem höheren Bewusstsein führen – damit der Mensch sich selbst erkennt und ihm bewusst wird, was das „SEIN" bedeutet.

Hinterfragen Sie doch einfach mal immer wieder auftauchende Situationen in Ihrem Leben. Vielleicht stoßen Sie dann auf ungeahnte Zusammenhänge. Dies musste mir selbst ebenfalls erst bewusst werden, um überhaupt die gesamten Zusammenhänge zu verstehen. Wenn Sie zu viele Zweifel haben, überspringen Sie den Rest dieses Kapitels und fangen gleich mit Kapitel 3 an.

Ich fühle mich berufen, Ihnen mitzuteilen: „Es gibt Gott!" Mein Engagement galt der Katechese für Kommunionskinder und Firmanden sowie im Pfarrgemeinderat selbst. Dadurch bekam ich tieferen Einblick in die Kirchenführung und musste feststellen, dass nicht immer im Sinn des Glaubens gehandelt wird. Aber das ist nicht so schlimm, das tun andere Religionen auch nicht. Der eigentliche Glaube scheint nicht die Verkündigung der Religionen zu sein. Dies sieht man zum Beispiel auch an der Akzeptanz (oder Nicht-Akzeptanz) von Mädchen und Frauen innerhalb der Glaubensrichtungen – obwohl Gott den Menschen als Mann und Frau erschuf!

Für die Christen ist die Bibel das Buch der Bücher. Denn im Neuen Testament ist der Glaube durch Jesus vermenschlicht überliefert worden. Durch Christus erfahren wir, was es heißt, gemeinschaftlich zu leben. Das fängt bei der Nächstenliebe, Barmherzigkeit und Vertrauen zu Gott an. Jesus ermuntert uns, das innere Licht zu entdecken, das jeder Mensch in sich trägt, und das Bewusstsein, mit denen Wunder möglich sind. Diese allmächtige Energie liegt in jedem von uns, wir müssen sie nur erkennen.

Wie schon gesagt: Ich wurde in meinem Leben oft mit Krankheiten konfrontiert und genauso oft bin ich auf heilende Energien gestoßen. Ärzte konnten bei meinem älteren Kind keine genaue Erklärung für seinen Zustand finden. Sie meinten, es müsse wohl ein Virus sein, Genaueres war auch klinisch nicht zu belegen. Als

Leistungssportler kam mein Sohn mit diesen Symptomen nicht zurecht. Der starke Wille, gesund zu werden, das Abitur zu machen und seinen geliebten Sport ausüben zu können, war ihm so nicht möglich. Stattdessen kam er nur mit äußerster Anstrengung und Willen vom Bett aus aufs Sofa. Mein Mann wollte dies alles so nicht hinnehmen und suchte eine Heilerin auf. Sie bearbeitete die Energiebahnen im Körper meines Sohnes und suchte die tiefliegenden Ursachen des Leidens in seinem vergangenen Leben. Die Heilerin stellte ihn im Anschluss so positiv ein, dass aus seinem völlig geschwächten Körper wieder Leben sprudeln konnte. Sein Lebensatem war deutlich zu spüren, als er lachend zu Haus ankam. Es brauchte seine Zeit, bis mein Sohn das alles verarbeitet und sämtliche Symptome verschwunden waren.

Er ist gesund. Warum zweifeln wir also an diesen Energien? Die Antwort ist: weil uns der Massenglauben so prägt. Er sagt: „So etwas gibt es nicht!" Ich kann also schon zum zweiten Mal belegen, dass diese Energien wirklich vorhanden sind. Nach dieser Erfahrung mit meinem Sohn war ich fest entschlossen, diese göttliche Energie zu erforschen. Was passiert dabei eigentlich im Körper? Was bewirkt diese positive Einstellung? Wo finde ich diese Energien noch?

Zur selben Zeit wurde mir bei der Arbeit in der Schule bewusst, dass einige Schüler weitaus mehr Fähigkeiten besaßen, sie aber nicht abrufen konnten. Ich konnte es den Schülern förmlich ansehen und suchte auch hier nach einer Möglichkeit, um ihnen zu helfen. Meine Neugier war geweckt, mehr über den Lernprozess der Schülerinnen und Schüler zu erfahren. Aus dieser Neugier heraus entwickelte sich bei mir das Interesse am menschlichen Gehirn und den Neurowissenschaften (Medizin, Informatik, Psychologie und Biologie erforschen die Nerven) insgesamt. Was machen die Nerven und Nervenbahnen, die vom Gehirn aus, den gesamten Körper durchziehen? Welche Reize leiten sie weiter, damit die Muskeln den Impuls des Gehirns ausführen und wie weiß das Gehirn, was zu tun ist? Ich verschlang Bücher, um die Funktion des Gehirns zu verstehen, mein Wissen zu bündeln und damit auch Schülern Hilfestellung zu geben.

Wie jede Information uns geistig und körperlich prägt oder auch, welche Information sichtbar wird für uns selbst, ist Aufgabe des Gehirns, unserer Schalt- und Speicherzentrale. Ich durfte durch die sportliche Betätigung meiner Familie, meinen Beruf und die Beobachtungen von Personen in verschiedenen Situationen erfahren, was Körpersprache ausmacht. Versuchen Sie doch einmal, durch Körperbeobachtung Emotionen wie Freude, Wut oder Angst bewusst anzuschauen. Sie werden feststellen, wie vielfältig diese Kommunikation der Gestik und Mimik ist. Stellen sie sich ein kleines Kind vor. Tauchen neue Personen auf, die das Kind nicht kennt, wirkt es für dieses kleine Menschlein zunächst befremdlich.

Also wird es sich aus Angst hinter der Mutter verstecken. Seine Neugier wird aber bleiben, denn das Kind wird sicherlich immer wieder einen kurzen Blick riskieren, um dabei vielleicht etwas zu entdecken. Ist uns dies bewusst, erkennen wir viel mehr Möglichkeiten, um zu lernen. Wir müssen unsere kindliche Neugier behalten – wie dieses Kind – und aufgeschlossen bleiben für neue Erfahrungen.

Bei meinen Recherchen über die Funktion des Gehirns fiel mir eine Webseite auf, auf der ein Seminar für Hilfestellungen bei Lernproblemen von Schülern angepriesen wird. Diese Seite beschäftigte sich mit der Kinesiologie, der Lehre der Bewegung. Es wurde erläutert, dass mit Hilfe von Bewegung diese Probleme gelöst werden könnten, damit ein befreites Lernen möglich wird.

Ich kam doch aus dem Sportbereich, wieso hatte ich davon noch nicht gehört? Mentaltraining, Koordination und noch ein paar Kleinigkeiten können Sportler beweglicher machen und geistig aufnahmefähiger. Doch einfache Bewegungen ausführen, um das Gehirn zu integrieren? Empfindet sich mein Gehirn nicht als Einheit? Ich fand es dermaßen interessant, dass ich mich an der Akademie für Kinesiologie in Oldenburg anmeldete, um dort das Brain-Gym-Seminar zu besuchen. Es war genau das, was ich gesucht hatte!

Mit Hilfe eines Muskeltestes kann der Körper befragt werden, was er benötigt, um sein Ziel zu erreichen. Und mit einfachen Bewegungen des Körpers wird das gesetzte Ziel dann erreicht. Dies ist nur ein Teil des Wissens der Kinesiologie, die in der Ausbildung gelehrt wird. Ich entschied mich bald sogar für die Berufsausbildung zum Kinesiologe. Schließlich war meine Neugier noch nicht gestillt, was diese göttliche Energie anging. Wie kann ein Körper sich so positiv einstellen, wie ich es bei meinem Sohn gesehen hatte, wie ich selbst diese Energie in mir und auch außerhalb spüre?

Diese Erfahrung mit der kinesiologischen Arbeit – welche Vielzahl an Informationen im Körper sind, die uns zu unseren anerzogenen Mauern führen, welche uns am Vorwärtskommen hindern und wie diese durch Bewegung gelöst werden können – war einfach nur genial. Aber ich muss zugeben: Einiges bereitete auch mir Kopfzerbrechen. Das lag daran, dass ich es gewohnt war zu denken wie ein Mediziner: Welche Symptome hat diese Person, welche Therapie kann helfen? Andere Möglichkeiten der Heilung schloss ich aus, da sie nicht zu belegen waren – obwohl ich doch selbst anderes im Leben erfahren hatte wie die Energielehren der Akupunktur oder Reiki. Man selbst unterliegt dennoch dieser gesellschaftlichen Norm, das musste ich erst erkennen. Die Masse der Menschen hält es immer noch für Zauberei, Magie und Hexenkram. Das Mittelalter hat bis heute dazu beigetragen, eine Sicht anzunehmen, dass Anwender alten Heilwissens nur Praktizierende sein können, die vom Teufel besessen sind, damit sie ihre Seelen von Gott abkehren. Ob sich dieses Wissen im Gehirn wohl so verankert hat, dass diese Information von Generation zu Generation vererbt wird?

Ich hatte somit auch meine eigenen Mauern zu überwinden. Vielleicht wollte ich nicht gegen den Strom schwimmen und als Außenseiter gelten, wenn ich von der Norm abwich oder in die Esoteriknische gedrückt wurde. Schon als Kind hatte ich meiner Mutter von unerklärlichen Dingen erzählt. Sie aber hatte mich stets aufgefordert, es keinem anderen zu erzählen.

Während der Ausbildung zur Kinesiologin offenbarte sich beim Methodenteil der Bachblüten eine neue Erkenntnis. Liebe Leser, haben Sie gerade die Schublade aufgezogen beim Wort Bachblüten? Das ist das Schubladendenken, dass die Gesellschaft sich und Ihnen so angeeignet hat. Diese Schublade hier ist für den ganzen Quatsch im Leben, den man nicht beweisen kann und der nicht „angesagt" ist. Wenn so eine Schublade geöffnet wird, hat man sich seine eigene Meinung über das anstehende Thema schon gebildet und die Information, die kommt, ist von Anfang an nicht akzeptabel. Es können wunderbare Argumente als Information gegeben werden, doch an Menschen mit festgelegter Meinung prallen sie ab. Das Thema wird also in die Schublade gepackt zu dem ganzen anderen Unsinn im Leben, den man nicht gewillt ist zu hören.

Ich öffnete ebenfalls so eine Schublade, weil ich mir nicht viel von den Bachblüten versprach. Was sollten diese Blumen im Gehirn schon auslösen? Wie sollten sie meinen Körper verändern? Meine Neugier war aber aktiv dabei, wenn auch unterbewusst. Denn was ich jetzt für ein Wissen erhielt und in welcher Form diese Blüte den Charakter eines Menschen trifft, hatte ich bis dahin nicht für möglich gehalten. Deshalb schloss ich meine Schublade wieder, ohne das Thema Bachblüte negativ abzustempeln. So schnell habe ich auch weitere negative Schubladen ab dann nicht mehr aufgezogen. Meine Erkenntnis daraus habe ich gewonnen: Alles ist möglich, hör doch erst mal zu!

Diese Information war ein erneuter Auslöser zur Suche, um unbekanntes Wissen zu erschließen. Ich steckte meine Nase in Bücher, um zu lernen, um Erklärungen zu finden und nutzte dafür natürlich auch das Internet. Der Leitsatz von Dr. Edward Bach war: „Ich behandle die Persönlichkeit, nicht die Krankheit." Allein das war schon eine wichtige neue Erkenntnis für mich. Es geht um reale Energien, die uns positiv einstellen können. Jeder hat es schon selbst erfahren, wenn auch unbewusst: Eine positive Einstellung hilft dabei, schneller gesund zu werden, die Selbstheilungskräfte im Körper sind dann aktiviert. Meine Erfahrung zeigt, dass die Bewusstseinserweiterung funktioniert, wenn man sich traut, über den Tellerrand zu schauen und auch anderes Wissen in Betracht zu ziehen. Denken Sie an meine Erfahrung der Bachblüten; hatten Sie, liebe Leser, ähnliche Begegnungen?

Über den Tellerrand zu schauen, ist eine Notwendigkeit für alle Wissenschaftler und eigentlich auch für alle Menschen. Die Naturwissenschaftler wissen, dass sie allein mit ihrem Fachbereich kein Neuland betreten können. Die neuesten Entdeckungen sind nur mit vereinten Kräften gemacht worden. Warum sollte sich also nicht auch die klassische Medizin mit dem Wissen anderer Heilberufe, mit Heiler, Schamanen oder Naturwissenschaftlern austauschen? Das kann doch nur zum Vorteil des Menschen sein! Schauen wir doch über den Horizont hinaus! Schließlich sind wir doch immer noch neugierig auf Wissen und auf Antworten. Diese angeborene Neugier der Menschen hat uns schon vor unserer Zeitrechnung beschäftigt. Mit logischem Denken oder Kombinieren haben diese Menschen versucht, die Lösung ihrer Fragen zu finden beziehungsweise zu beweisen.

Schauen Sie bei Archimedes nach: Er war ein bedeutender Mathematiker in der Antike und versuchte, Fragen über die Schwerpunkte bestimmter Körper zu berechnen. Nehmen Sie Euklid, der sich mit den Eigenschaften der natürlichen Zahlen beschäftigte. Diese einfachen Zahlen sind schon in uralten Büchern zu finden, zum Beispiel in der Bibel: der eine Gott, die Einheit, das Zentrum mit seiner Bedeutung – all das findet sich in der Zahl 1. Ältere Nachweise finden wir über Symbole, mit dem der Kreis für das

Zentrum steht oder die Sonne. In der Zahl 2 steckt das Duo, der Mensch mit den männlichen und weiblichen Aspekten. Die 3 kann für das Dreieck stehen und in Bezug zu den Naturgesetzen geht es um Geburt, Leben und Tod. Es gibt die 4 Elemente der chinesischen Heilkunde, mit den Elementen Feuer, Wasser, Erde und Luft, wobei die Organe immer den Elementen zugeordnet werden und die Energiebahnen im Körper danach benannt sind.

Sie, liebe Leser, kennen es von der Akupunktur oder der Traditionellen Chinesischen Medizin. Unter anderem findet sich das Wissen dazu schon bei Hildegard von Bingen wieder, einer Ordensfrau aus Deutschland, deren 4-Säfte-Lehre auch die Pflanzenkunde beinhaltete. An unserer Hand besitzen wir 5 Finger und es gibt das 5. Element, den Äther. Die 6 finden Sie in der Wabe der Honigbiene und in den Richtungen „oben", „unten", „links", „rechts", „vorn" und „hinten". Die 7 ist eine heilige Zahl, denn laut Bibel erschuf Gott in sieben Tagen die Welt. Jeder Mensch besitzt 7 Hauptchakren, die mit dem endokrinen System des Körpers in Verbindung stehen. In der Architektur markiert das Oktagon den Übergang von Himmel und Erde und es finden sich dort immer die 8 Bauseiten. Wenn Sie, liebe Leser, den Aachener Dom besichtigen, können Sie eine entsprechende Architektur bewundern.

In vielen alten Kulturen wurde der Glaube über die Architektur ausgedrückt. Die 3 symbolisiert die Trinität, die 9 steht für die Himmelschöre, die symbolisch mit 9 Engeln am Bernward-Sarkophag in der St. Michaelis Kirche in Hildesheim zu besichtigen sind. Diese Kirche, oft auch Gottesburg genannt, setzt sich aus 9 Quadraten zusammen. Wir besitzen an beiden Händen 10 Finger, beide Füße haben 10 Zehen. Die Zahl 11 ist nur durch 1 und durch sich selbst teilbar. Die 12 Apostel, 12 Sternzeichen, die guten Feen in den Märchen und vieles mehr. Der Mensch denkt, sucht und legt sich eine Ordnung zum Abspeichern des Wissens an. Um etwas einzuteilen, nutzt er beispielsweise die Längen- und Breitengrade zur Erdeinteilung. Die Berechnung des Raumes in der Physik, die Strukturen der Elemente, selbst das Licht oder die Energie werden berechnet. Wir berechnen also durchaus schon Dinge, die nicht anzufassen sind!

Wissenschaftler suchen nach dem Nichts, indem sie versuchen, die Schöpfung des Universums zu finden. Sie wollen das Schöpfungsgeschehen erforschen, indem sie einen Urknall simulieren. Die Suche nach der höheren Ordnung ist in uns allen vorhanden, einige haben die Neugier darauf für sich eingestellt, andere treibt die Suche nur noch mehr an. Im Prinzip hat man das Nichts gefunden: Es ist der leere Raum, gefüllt mit kosmischer Energie, die Urquelle, das SEIN. Schauen wir also bitte weiter „über den Tellerrand"!

Heiler tun das: Sie nutzen genau diese Quelle für ihre Möglichkeiten des Heilens. Durch ihre besondere intuitive Gabe und ihr individuelles Wissen können sie Menschen Informationen geben, die den Körper in ein höheres Bewusstsein bringen und so ihre Selbstheilungskräfte aktivieren.

Einen weiteren Zugang zu diesen Möglichkeiten des SEINs fand ich bei einer schamanischen Reise, die eine liebe Kollegin in einem kleinen Kreis anbot. Nachdem wir uns entspannt hingelegt hatten, erzählte sie uns vom Ablauf dieser Übung und vom Ziel, dabei vielleicht sein Krafttier zu finden. Also begann sie die Trommel zu schlagen und ich wartete ab, was wohl passieren würde. Wirklich, ich hatte ganz plötzlich Bilder im Kopf und ein Tier zeigte mir den Eingang zur unteren Welt. Nachdem sich das Trommeln veränderte, brachte sie uns wieder in die obere Welt.

Bei der zweiten schamanischen Reise sollten wir unserem Krafttier begegnen, welches in der unteren Welt den Weg weise und unser Helfer sei. Das erste Tier, das uns begegnete, sollten wir fragen, ob es unser Krafttier sei. Es würde uns in dieser Welt herumführen und auch wieder herausbringen. Mein Tier hatte mich sofort gefunden und es waren auch noch andere dabei, auch andere Wesen. Ich vernahm sogar eine Stimme eines Tieres über mir. Diese Krafttierreise war eine interessante Begegnung, die Sie, liebe Leser, vielleicht als sehr fantasievoll bezeichnen würden, aber, wie gesagt, ich erwartete eigentlich gar nichts. Bei der therapeutischen Behandlung eines Klienten würde im Anschluss an die Reise eine Analyse stattfinden. Was sagt die Bedeutung des Tieres aus? Welches Gespräch war vorhanden? Diese Tier-interpretation ist für den Klienten selbst ein Gewinn für seine zu behandelnde Ursache, die im Unterbewusstsein liegt. Sie sehen, auch daraus lassen sich Informationen nutzen, zum Wohle des Menschen. Oft stehen Menschen dabei angelernte Eigenschaften wie Meinungen, Werte und anerzogene Sichtweisen im Weg, auch hinsichtlich des Charakters. Wenn der Mensch erkennt, was die Ursache seines Problems ist, kann eine Änderung herbeige-führt werden. Ausschlaggebend hierbei ist, dass eine Änderung wirklich erwünscht wird.

Oftmals müssen erst veraltete Glaubenssätze aufgelöst werden, bevor die Informationen im Körper neue Erkenntnisse hervorbrin-gen können, die sodann eine Selbstheilung aktiviert. Diese Glau-benssätze haben wir Menschen uns durch unsere individuelle Le-bensweise selbst geschaffen. Jeder ist mit Normen und Werten erzogen worden, die ihn am Vorwärtskommen manchmal hindert. Die allgemeine Auffassung besagt: Das darf nicht so sein! Das schickt sich nicht! Das ist mir doch egal! Nicht aus seiner Komfort-zone zu müssen und lieber wie ein Trampeltier durch die Welt zu laufen, immer sein eigenes egoistisches Ziel vor Augen zu haben, ist Ursache vieler Probleme der Menschheit.

Zum besseren Verständnis wird im nächsten Kapitel ausgeführt, wie Informationen unseren Körper in Bewegung setzen und wie der Mensch sich dessen bewusst wird. Denn schließlich rede ich immer von Informationen und Sie, liebe Leser, fragen sich vielleicht, wie eine Information den Körper in Bewegung setzen kann. Kurz gesagt: Es muss nicht immer nur durch die Muskulatur Bewegung stattfinden. Auch durch energetische und geistige Informationen entstehen Schwingungen. Sie, liebe Leser, kennen alle die nachstehenden Aussagen. Sie beinhalten genau diese Schwingungen, die der Mensch als Information aufnimmt.

- Ich weiß nicht, warum mir plötzlich so komisch war.
- Immer wenn es bei Gewitter donnert, zucke ich zusammen.
- Die Person ist heute unerträglich, der ist eine Laus über die Leber gelaufen.
- Ich muss mich hinsetzen, das muss ich erst mal verdauen, was du mir erzählt hast.
- An dem Schicksal hat er schwer zu tragen.

3. Informationen, verbunden mit Bewegung

Sie wissen: Ich träumte viel und mir trugen andere mit Erzählungen etwas zu, dessen Inhalt ich nicht für wichtig erachtete. Doch es waren manchmal nur einzelne Wörter, die mir wieder einfielen, die ich nicht ignorieren konnte. Sie kamen immer wieder in meine Gedanken. Ich hätte sie besser zur Kenntnis nehmen sollen. Es waren wichtige Informationen für mich.

Doch nicht nur Wörter, es waren auch Bilder, die mir nicht aus dem Kopf gingen und an die ich ständig denken musste. Dies alles trägt zur Informationskommunikation im Körper bei.

Wenn zum Beispiel komplexe Zusammenhänge bei Situationen sichtbar geworden waren und ich Lösungen gefunden hatte, musste ich erst lernen, dass andere es nicht erkannten, weil sie die Weitsicht dafür noch nicht besaßen. Ich weiß, dass sich das ziemlich überheblich anhört, doch genau hier liegt der „Hase im Pfeffer".

Es gibt verschiedene Sichtweisen auf bestimmte Zusammenhänge und eine Vielzahl an Möglichkeiten zur Lösung. Jeder

Mensch nimmt aus seinem Leben genau die Betrachtungsweise, die er erlernt hat. Diese unterschiedlichen Informationen, mit denen ein Mensch konfrontiert wird, liefern aber auch eine große Bandbreite an Möglichkeiten, um das Leben auf der Erde besser zu verstehen. Somit gibt es keinen Durchschnittsmenschen, dazu sind wir viel zu individuell. Deshalb sollten wir uns von diesen Normen endlich verabschieden und daran denken, dass es auch Menschen mit besonderen Fähigkeiten gibt. Ihre besonderen Begabungen liegen vielleicht im Hellhören, Hellsehen oder noch sensibleren Empfindungen. Sie besitzen eine gewisse Fähigkeit zur Weitsicht, deren Ursprung als Information in ihnen angelegt ist. Vielleicht beruht diese Information in dem Menschen selbst auf seinem angeborenen absoluten Vertrauen. Diese Wesen haben im Unterbewusstsein innewohnende Energie, die sie oft nicht erklären können. Sie spüren eine komplexe höhere Führung, die sie hier nicht ausleben können, da sie nicht in die Norm passen. Sie haben oft Probleme dabei, sich in die Gesellschaft einzuordnen, finden keine Möglichkeit, ihren Lebensweg zu beschreiten, und verlieren manchmal ihr Vertrauen in sich selbst. Sie fühlen sich anders, meinen, sie haben keinen Platz in der Gesellschaft, und verschließen sich. Der Körper dieser Menschen reagiert dann mit negativen Auswirkungen wie Depressionen, anderen Krankheiten oder Gewaltausbrüchen. Doch wenn der Mensch seine Neugier behält, wird er sich seiner innewohnenden Fähigkeit wieder bewusst. Er wird im Leben immer auf Wege stoßen, damit er seine angeeigneten Stolpersteine überwindet, um seine wahre Identität auf der Erde zu leben. Stellen Sie sich einmal vor, Sie wären hellhörig und wüssten schon während eines Gesprächs, worum es dem anderen wirklich geht. Die Lösung haben Sie schon parat, doch sie ist für die Gesprächspartner schwer nachzuvollziehen, weil ihr Lösungsvorschlag schon den Komplex beinhaltet, den ihr Gegenüber noch gar nicht erwähnt hat. Also wird Ihre Lösung keinen Anklang finden bei ihrem Gesprächspartner, weil der Person die nötige Weitsicht fehlt. Stattdessen wird er verwirrt sein und meinen, Sie hätten nicht recht zugehört. Ihr Gegenüber wird Sie schlimmstenfalls als „komischen Kautz" beschreiben.

Zusammenfassend möchte ich Ihnen bewusst machen, dass es Menschen mit besonderen Fähigkeiten auf der Erde gibt. Oft gestehen wir ihnen keine Aufmerksamkeit zu, weil ihr Denken auf einer sensibleren oder weitsichtigeren Ebene stattfindet.

Nun aber zur Erklärung, wie Informationen mit unseren Bewegungen verbunden sind:

Informationen sammeln wir jeden Morgen beim Zeitunglesen, in den Nachrichten oder wenn uns beim Einkaufen Menschen begegnen, die uns etwas erzählen. Eins bleibt dabei stets gleich: Wir nutzen immer die Sinnesorgane, um die Information unserem Körper bewusst zu machen. Unsere Sinnesorgane sind Augen, Ohren, Nase, Mund und Haut. Sie nehmen jeweils unterschiedliche Reize auf. Es sind Informationen, die im Gehirn verarbeitet werden, damit unser Körper angemessen reagiert, um uns im Gleichgewicht zu halten. Informationen gehören also zu unserem Selbstschutz.

Nehmen Sie zum Beispiel die Haut mit ihrem Tastsinn: Sie nimmt Berührungen wahr, die als Information zum Gehirn geleitet wird. Berühre ich zum Beispiel mit meinem Arm das Wasser, sendet meine Haut unter anderem die Information über die Wassertemperatur, ob es heiß oder kalt ist, an das Gehirn. Anschließend wird die Information verknüpft. Je nach Temperatur wird meine Haut vom Gehirn die Rückmeldung bekommen, sich in Bewegung zu setzen. Wenn es also kalt ist, möchte mein Körper keine Energie verlieren, deshalb zieht sich meine Haut zusammen und ich bekomme Gänsehaut. Das ist nötig, damit in meinem Körper eine gleichbleibende Temperatur erhalten bleibt. Ist es zu warm, wird meine Haut durchlässig und gibt Schweißperlen ab, um so den Körperhaushalt auf konstanter Temperatur zu halten. Die Haare auf meiner Haut bilden Schutz vor Bakterien, die nicht in den Körper gelangen sollen. Zusätzlich erneuert die Haut sich ständig. Das kann ich erkennen, wenn die Haut sich schuppt. Jegliche Bewegung im Körper wird also zum Gehirn geleitet. Von dort aus

werden die notwendigen Befehle zu den Körperteilen zurückge-
sendet, damit Bewegung stattfindet für unser Gleichgewicht.

Kommen wir zur Zunge mit ihrem Geschmackssinn für süß, sauer,
salzig und bitter, also für alles, was wir selbst schmecken können.
Aus neuen wissenschaftlichen Erkenntnissen ist die zusätzliche
Möglichkeit des Schmeckens von Fleisch aufgedeckt worden. Der
Geschmack nennt sich umami. Die anderen Geschmacksrichtun-
gen sind eigentlich Kombinationen. Die Zunge ist verbunden mit
dem Geruchssinn der Nase, sonst könnten wir etwa Zimt nicht
schmecken. Probieren Sie mit geschlossener Nase einmal Milch-
reis mit Zimt und Zucker. Dass es süß ist, werden Sie schmecken.
Aber nur, wenn Sie die Nase öffnen, erkennen Sie auch den Zimt.
Diese Mischung einzelner chemischer Stoffe sind Düfte und Ge-
schmäcker, die ihr Körper im Gehirn speichert und in entsprechenden Situationen Erinnerungen weckt, etwa bei Omas Apfel-
kuchen oder bei Babys dem Geruch der Mutter. Unangenehme
Gerüche lösen im Gehirn eine Abwehrreaktion aus, die soweit
fortschreiten kann, dass man sich übergeben muss. Bei mir waren
es früher die Gerüche eines Spiegeleis oder gekochter Sellerie,
die mich würgen ließen. Ob mein Gehirn mit diesem Geruch auch
ein schlechtes Erlebnis verbunden hatte? Auf jeden Fall wollte
mein Körper diese Speisen nicht haben. Eine weitere Abwehrreaktion entwickelt der Körper zudem, wenn es verbrannt riecht. Ein
„Achtung Gefahr"-Impuls wird vom Gehirn ausgesendet, der

Fluchtinstinkt aktiviert.

Licht und Farben würden wir ohne unsere Augen nicht wahrnehmen. Und wie wichtig die bildliche Darstellung für unser Gehirn ist, werden wir merken, wenn wir versuchen, mit geschlossenen Augen alltägliche Handlungen zu verrichten. Auch die Zusammenarbeit von Auge und Gehirn ist ein komplexer Vorgang. Da unsere Augen einen bestimmten Abstand zueinander aufweisen, nehmen sie auch das anzuschauende Bild unterschiedlich auf. Jedes Auge hat nun sein eigenes Sichtfeld, sodass das angeschaute Bild je Auge etwas versetzt zu sehen ist. Halten Sie doch mal ein Auge zu und beobachten das Blickfeld. Anschließend nehmen Sie das andere Auge und es wird Ihnen auffallen, dass der Blick nicht 1 zu 1 derselbe wird. Erst unser Gehirn fügt die beiden Bilder zu einem einzigen zusammen. Wie vielfältig allein die Augenbewegungen sind und die damit einhergehende Kommunikation in der Mimik, zeigt, wie viel Sinnesreize das Auge dem Gehirn als Information zukommen lässt.

Die Sprache, der Klang, die Melodien und jegliche akustische Schwingung würden wir ohne Ohren nicht hören.

Ich finde es interessant, dass wir im Ohr die *Schwingungen* des Tones wahrnehmen. Ich berichtete am Anfang von der Gravitationsphysik, deren Wellen vom Kosmos bis zur Erde reichen. Die Sinneszellen des Ohres nehmen Geräusche auf, deren Schallwellen über den Gehörgang zum Trommelfell gelangen. Die Schwingungen gehen anschließend über die Knöchelkette bis zum Mittelohr. Durch die Schnecke mit ihrer Flüssigkeit gelangt der Ton wie auf Wasserwellen ins Gehirn, um dort registriert zu werden. Das Ohr sorgt darüber hinaus für unseren Gleichgewichtssinn: Wenn wir uns schnell drehen, wird uns schwindelig. Da die Schnecke die schnellen Bewegungen nicht ausgleichen kann, geraten wir ins Taumeln.

Die Sinnesorgane nehmen also allesamt unterschiedliche Reize auf, die dem Gehirn als Information dienen. Je nach Bewertung dieser Reize sendet die Reizverarbeitungszentrale des Gehirns Bewegungsimpulse an die unterschiedlichen Körperteile zurück. Denken wir an die Information von Bewegung, interpretieren wir dies allgemein mit Muskelarbeit. Interessant ist, dass wir lange, bevor wir etwa bewusst einen Schritt setzen, schon den Impuls für den Schritt vom Gehirn erhalten haben, damit dieser Schritt auch ausgeführt werden kann. Also gibt es Bewegung, die nichts mit der klassischen Muskelbewegung zu tun hat. Die Information des Schrittes geht über die Nervenbahnen und deren Wasserfluss in Hochgeschwindigkeit zu den Muskeln und wird wieder zurückgeleitet, bevor wir bewusst die Bewegung (in diesem Beispiel: einen Schritt setzen) in die Tat umsetzen.

Es gibt ferner Bewegungen, die wir unbewusst ausführen, obwohl unser Gehirn daran nicht unbeteiligt ist. Nur hat es diese als gegeben abgespeichert oder erlernt und wir müssen darüber nicht mehr nachdenken. Unser Wimpernschlag zum Schutz der Augen, damit sie immer feucht gehalten werden, unsere Atmung, aber auch der Herzschlag funktionieren unbewusst. Falls ein aufregendes Ereignis auftritt, wird diese Information unseren Puls beschleunigen und die Atmung wird sich verändern, ohne dass wir darüber bewusst nachdenken müssen.

Die wichtigste Funktion des Gehirns ist es also, eine Bewegung im Körper auszulösen, damit er zu seinem eigenen Schutz angemessen reagieren kann. Ununterbrochen erhält der Körper Befehle vom Gehirn, sich etwa ins Gleichgewicht zu bringen, damit der Mensch funktionstüchtig bleibt. Dieses Phänomen ist sehr gut bei einer Schnittwunde zu beobachten. Die Information der Wunde gelangt zum Gehirn, das den Impuls für Helferzellen aktiviert, die sich in Bewegung setzen, um die Blutung zu stoppen, indem diese Helferzellen den Schnitt in der Haut verschließen.

Das Gehirn zeigt aber nicht nur einen Impuls zur Bewegung bei rationalen Aktivitäten. Auch Emotionen sind wichtige Bindeglieder des Gehirns. Trauer oder Freude zum Beispiel nehmen Einfluss auf unsere persönlichen Entscheidungen. Bei Trauer werde ich kein großes Interesse an anderen Aktivitäten haben und bei Freude können wir meist „Bäume ausreißen". Von diesem Wissen über Emotionen profitiert auch die Werbebranche, die nicht ohne

Hintergedanken mit passenden emotionalen Gefühlen ihre Produkte bewirbt. Zu Weihnachten beeinflussen sie das Kaufverhalten, indem sie uns Harmonie, Wärme und Geborgenheit vorspielen. Bei Werbung für Getränke im Fitnessbereich werden uns aktive, glückliche und strahlende Menschen in sonniger Natur präsentiert. Jede Emotion verbinden wir mit gelernten Informationen, die unser Gehirn abgespeichert hat. Denken Sie an die schöne, stressfreie Kindheit zu Haus, das Bonbon vom Opa oder den letzten Urlaub – alles positiv abgesicherte Erinnerungen. Unsere Umwelt beeinflusst uns mit emotionalen Erlebnissen und das Gehirn speichert diese Informationen ab. Jetzt denken Sie nicht, es würde Ihnen nicht passieren, Ihr Kaufverhalten zu ändern, das macht schon ihr Unterbewusstsein ganz von selbst. Schauen Sie mal zu Hause ihre gekauften Produkte an. Welche Werbung fällt Ihnen dazu ein? Wenn Sie ein bekanntes Waschmittel nehmen, hat dies vielleicht auch den Hintergrund, dass ihre Mutter Ihnen das Vertrauen genau zu diesem Produkt vermittelt hat. Natürlich höre ich schon Ihre Argumente für dieses Produkt: „weil es sehr gut ist", „das Produkt wollte *ich* haben", „ich brauch' ja so etwas im Haushalt" und so weiter. Bestimmte Sätze oder Emotionen lösen genau diesen Kauf des Artikels aus. Wir wollen ja auch nur das Beste für uns und damit beeinflussen wir uns selbst. Ich bin überzeugt davon, das Richtige zu tun, und tätige deshalb den Kauf.

Es entstehen aber nicht nur durch die Werbung Sätze, an die wir wirklich glauben. Deshalb nennt man sie auch Glaubenssätze. Diese werden mit bekräftigenden Worten – ICH BIN – im Körper verankert. Den negativen Einfluss dadurch kennen wir nur zu gut: ICH BIN zu dick. ICH BIN dumm. ICH BIN klein. ICH BIN ein Versager, keiner nimmt mich ernst. ICH BIN nichts wert. ICH BIN allein. Und so weiter. Die Liste ist endlos. Um der gesellschaftlichen Norm zu genügen, bemühen sich die Menschen, schlank zu sein, intelligent, witzig, attraktiv und begehrenswert, um nur einige Beispiele zu nennen. Besser wäre es natürlich, gleich alle diese Eigenschaften zu besitzen. Aus diesem Grund arbeiten die Menschen ständig gegen ihren eigenen Körper, nur: um der gesellschaftlich geforderten Norm zu entsprechen. Sie wollen ein Abbild der Perfektion werden.

Besonders deutlich ist dieses Streben bei Diäten zu sehen. In unserem Gehirn kursiert überwiegend ein Bild einer superschlanken taillierten Frau oder einem muskulösen durchtrainierten Mann, als Vorbilder der Norm. Ich würde aber behaupten, dass dieses Bild schon in den Köpfen der Menschen verankert ist. Was dieses Gedankenmuster mit unserer Psyche macht und wie sich dies auf Geist und Körper auswirkt, kann man sich denken. Der Frust, den Menschen mit den Grenzen der Norm erfahren, beeinträchtigt nicht nur die Psyche, auch die Seele wird darunter leiden.

Es gibt zahlreiche Konflikte in den zwischenmenschlichen Beziehungen, die ebenfalls Einfluss auf unseren Körper nehmen. Denken Sie einmal an Ihren ersten Liebeskummer. Sie haben ihrem Partner volles Vertrauen geschenkt und haben angenommen das gleiche Empfinden hätte dieser auch. Leider waren seine Gefühle nicht annähernd so intensiv wie ihre eigenen, deshalb stellte er sie vor die Tatsache, ab jetzt mit einem anderen Menschen sein Leben zu teilen. Schmiedet einer in einer Beziehung Zukunftspläne, von denen der andere nichts weiß, kann die Folge sein, dass die schöne heile Welt abrupt endet. Das zerrt an unseren Nerven und bringt den eigenen Körper durcheinander. Im Körper selbst entsteht das Gefühlschaos schlechthin und wir fühlen uns nicht mehr so sicher und stark wie vor der Enttäuschung. „Das traf mich bis ins Mark", sagen die Menschen oft. Damit ist gemeint, dass selbst die Seele in Mitleidenschaft gezogen worden ist. Unlösbare Fragen („Wieso?", „Weshalb?", „Warum?") geistern dabei unaufhörlich im Kopf herum. Der Körper braucht jetzt erst einmal Zeit, das Erlebte zu verarbeiten. Mit dem Schmerz wurde das Gleichgewicht im eigenen Körper zerstört, der jetzt eindringlich nach Lösungen sucht. Man trauert dem Gewesenen nach und spürt erst im Laufe der Zeit, dass das Leben weitergeht und Vertrauen zu Neuem aufgebaut werden kann. Diese emotionalen Konflikte, die durch Liebe, Hoffnung, Wut oder Hass entstanden sind, sind sehr tiefgreifend für den Körper selbst. Wenn sich im

Körper dann Symptome bemerkbar machen wie Erkältungser-scheinungen, Magenschmerzen oder allgemeines Unwohlsein sind dies Körperreaktionen auf dieses Ereignis. Sollte man nach einer angemessenen Zeit nicht über diesen zugeführten Schmerz, diese Trauer hinwegkommen, wird der Körper versuchen, einem ohnehin angeschlagenen Organ die nötige Energie zu entziehen, um damit sich selbst irgendwie wieder ins Gleichgewicht zu brin-gen. Anschließend ist es nur noch eine Frage der Zeit, bis sich das geschwächte Organ mit Schmerzen meldet und der Mensch möglicherweise ernsthaft erkrankt. Nur wenn der seelische Kon-flikt therapiert wird, das Gehirn also eine positive Meldung dazu abspeichern kann, wird der Körper seinen zuvor erlebten Konflikt löschen – und das erkrankte Organ kann sich regenerieren.

Immer wiederkehrende traumatische Erlebnisse, zum Beispiel in der Kindheit, können ebenso einen ungelösten Konflikt der Seele auslösen. Wenn der Körper ständig negative Rückmeldungen be-kommt, wird diese Information ihn förmlich erdrücken. Der Mensch reagiert vielleicht wütend oder niederträchtig, weil er das zu seinem Schutz in der Kindheit so erlernt hat. Die ständige Wut oder Vernachlässigung seiner eigenen Person wird Spuren hin-terlassen an seinem eigenen Körper. Der Mensch glaubt, sich mit diesen Emotionen der Wut zu schützen. Doch, liebe Leser, ist das nicht nur eine weitere aufgebaute Mauer, eine Grenze, die sich dieser Mensch aufgebaut hat? Er versucht damit, in der Gesellschaft zu bestehen, merkt aber nicht, dass er in Wahrheit Raubbau an seinem Körper betreibt. Der Körper möchte geliebt und geachtet werden, das sind die Bedürfnisse des sozialen Lebewesens. Wenn er sich in diese Situationen nicht einleben kann, verhärtet der Mensch und bleibt außerhalb seines Gleichgewichts. Anschließend wird der Körper sämtliche Energie (auf-)brauchen, damit er sich einigermaßen wohlfühlen kann in seiner Haut. Bei weiteren Stressfaktoren entsteht in der Folge deshalb noch mehr Ungleichgewicht. Dann allerdings muss der Körper die Energien von anderen Teilen des Körpers abziehen, um den Menschen am Leben erhalten zu können. Geholfen wäre diesem Menschen, wenn er seine Wut (als Beispiel) nur bildlich erlebt und ihm auf diese Weise die Ursache vor Augen geführt wird, damit er sie selbst erkennt. Erst wenn dem Menschen eine solche Misere auffällt, kann er eine Änderung herbeiführen, vorausgesetzt er will sich überhaupt ändern. Deshalb ist bei zu viel Stress im Alltag genau dieses seelische Leiden der Ausgangspunkt, um in Hoffnungslosigkeit zu verfallen und schließlich zu erkranken.

Erkennen Sie, wie viel Information unser Gehirn aufnimmt, wie viel das Gehirn speichert? Denken sie an genetische Veranlagungen! Diese Information ist schon von Beginn an im Gehirn verankert. Denn in jeder Zelle sind Informationen enthalten, damit sie sich in Bewegung setzen. Das ist die Spirale unseres Lebens: Wir haben

Informationen in uns, die uns im Körper Bewegung verschaffen, davon soll unser Körper profitieren. Der eigentliche Gewinn des Lernens liegt im Erleben von Situationen, damit wir erkennen, was wirklich in uns steckt. Wenn uns dies bewusst wird, erleben wir unser SEIN. Dazu führe ich Sie jetzt zurück zur Entstehung des Menschen.

Jede Eizelle weiß, dass sie sich teilen muss, damit ein Kind entstehen kann. Das ist bei Mensch und Tier gleichermaßen von der Natur so vorgegeben. Nicht zufällig entwickelt sich im Mutterleib zuerst das Gehirn mit der Wirbelsäule, den Nervensträngen und dem Blutkreislauf, bevor sich später die Muskulatur bildet. Es sind wie gesagt Informationen, die uns in Bewegung versetzen, um zu lernen. Wir müssen dies von klein auf erst beGREIFEN, um zu lernen, befühlen, um zu begreifen, wie ein Gegenstand beschaffen ist. Was ist hart, weich, zerbrechlich oder welche Reaktion bekomme ich, wenn ich...?

Bei Babys ist deutlich zu sehen, dass sie versuchen, den Greifring zu fassen. Sie probieren das so lange, bis alle Informationen dazu zu einem bewussten Erfolg führen und im Gehirn abgespeichert werden. Dort sind die erlernten Alltagsbewegungen dann so verankert, dass sie später unbewusst ablaufen können. Darüber brauchen wir nicht mehr nachzudenken. Aber nicht alle Reflexinformationen (Hand-Fuß-Greifreflex), die die Zellen der Babys und Kleinkinder enthalten, verschwinden im Erwachsenenalter.

Dadurch entstehen Konflikte zwischen Gehirn und Körper, weil die Bewegungsabläufe nicht wie gewünscht ausgeübt und somit nur eingeschränkt als BE-GRIFFEN abgespeichert worden sind. Die Grobmotorik muss aber erlernt werden, weil die Feinmotorik darauf aufbaut. Mit dieser Grob- oder Feinmotorik schulen wir später unser Körpergleichgewicht zum Stehen und Gehen. Sobald im vorgesehenen Ablauf eine kleine Veränderung vorkommt, hat dies Auswirkungen auf spätere Bewegungen. Zu den Folgen zählen Veränderungen in der Bewegung wie Lernblockaden der Kinder im Grundschulalter. Durch gezielte Bewegungsübungen können diese Probleme gelöst werden.

Paul und Gail Dennison legen in ihren Brain-Gym-Bewegungen viel Wert auf eine bewusste Körpermitte. Diese Mittellinie des Körpers ist die Voraussetzung, um Erkenntnis zu erlangen für den Gleichgewichtssinn. Hier finden wir auch die Dualität wieder: In diesem Fall ist es rechts und links. Diese Informationen muss das Gehirn abspeichern, um im Gleichgewicht bleiben zu können. Erst durch ausreichende Bewegung beispielsweise durch Krabbeln erkennt der Körper seine Mitte. So wird der Körper später in der Lage sein, Informationen von außen wie das Sehen und Hören besser in erforderliche Bewegung umzusetzen. Ebenfalls ist die Fähigkeit, beide Hände zu benutzen, sehr förderlich für das Denken und spielt eine zentrale Rolle bei der verbalen oder schriftlichen Kommunikation.

Jede Bewegung, die wir ausführen, gibt unserem Gehirn Informationen zurück, die zu erlernen sind, um das Bestmögliche für den eigenen Körper zu erreichen. Das Leben ist in ständiger Bewegung, nicht nur in unserem Körper, sondern auch in unserem Umfeld. Unsere Bewegungen im Körper sowie die der Umwelt wahrzunehmen, ist die ureigene Aufgabe des Menschen. Diese informativen Bewegungen werden bewusst oder auch unbewusst über unser Empfinden aufgenommen, sie prägen uns. Damit lernen wir, an einzelne Situationen zu glauben. Sie machen uns zu individuellen Wesen hier auf der Erde. Wir sind einzigartige Geschöpfe der Natur, die am ständigen Kreislauf des Lebens mitwirken. Wir sollten uns bemühen, dies so positiv wie möglich zu tun; denn ohne die Bewegungen können wir nicht existieren. Deshalb sollten wir uns so annehmen, wie wir wirklich sind. Jeder ist in dieser Welt willkommen und trägt seine Einzigartigkeit zur natürlichen Vielfalt bei. Wir müssen nur wir selbst SEIN, uns mit der Bewegung der Natur identifizieren und erkennen, dass alles mit allem verbunden ist!

Bewegungen wie Tag und Nacht geben uns den Biorhythmus vor. Die Jahreszeiten liefern uns einen gewissen Rahmen, in deren Rhythmus der Nahrungsanbau eingebunden ist. Hier liegt auch die Möglichkeit, das Bewusstsein für eine höhere Ordnung zu gewinnen. Alles liefert einen gewissen Beweis dafür, dass wir uns einer höheren Dimension bewusst sein können und wir dieses Höhere auch einzuordnen wissen. Der Glaube und das Vertrauen in eine höhere Macht, in die wir Menschen eingeordnet sind und die uns zu dem macht, was wir wirklich sind.

Mit dem Lauf der Sterne und Planeten im Weltall wurde schon in alten Kulturen der zeitliche Rahmen genutzt, um den jeweiligen Glauben an höhere Mächte leben zu können. Der Mensch war schon immer versucht, einen wiederkehrenden Ablauf zu finden, damit er Informationen besser einordnen kann. Wie oben beschrieben, hat das Gehirn die Aufgabe, Veränderungen im Körper zu bewirken. Deshalb ist dieser Körper auch unsere persönlich gelernte Grenze. Das Gehirn hat damit ein System geschaffen, das einzuordnen weiß. Welche Information kommt von **außen**, was ist da draußen? Welche Information ist **im** Körper, was macht es mit mir? Wie gesagt: Solange alles der gelernten Norm entspricht, können wir uns sicher fühlen. Doch was ist, wenn Menschen Informationen in sich tragen, die nicht dem Wissen der Allgemeinheit entsprechen?

In alten Kulturen waren dies besondere Menschen, die eine auserwählte Gabe hatten. Sie wurden als Götter, Schamanen, Mönche, Hexen, Medizinmänner oder Heiler bezeichnet. Es waren Frauen und Männer, die Informationen aus einer anderen „Welt" bezogen. Dies nenne ich die **„Anderswelt"**. Durch Versetzen des eigenen Körpers in eine tiefe Stufe des Bewusstseins, meist über meditative Wege, erlangten sie Erkenntnis. Sie lernten von der Natur und mit ihr die Energie zu nutzen, um anderen Heilung zu bringen, Wissen über Pflanzen und deren Wirkung etwa. Erst Ende des 20. Jahrhunderts erlaubte man sich, die Visionen der Hildegard von Bingen, die im 12. Jahrhundert gelebt hatte, ernst zu nehmen.[7]

Sie soll schon mit drei Jahren ein überaus helles Licht wahrgenommen haben und frei über ihre intuitiven Eingebungen gesprochen haben, bis sie selbst merkte, dass nur sie diese Gabe besaß. Hildegard galt als Prophetin und Mystikerin und wurde deshalb auch sehr genau durch die Inquisition beobachtet. Frauen galten durch ihr Wissen über Heilmittel als vom Teufel besessen. Man traute ihnen auch nicht zu, dass sie Visionen erlangen konnten. Hildegard von Bingen hat ihr Wissen über die Liebe Gottes durch seine Schöpfung erklärt. Sie hat sich als Einheit des Geheimnisses Gottes empfunden und daraus ihre Kraft geschöpft. Dagegen konnten die Religionsführer nichts ausrichten.

Schon in der Bibel beschrieb man Personen, die über einen Traum Wissen durch Gott empfingen. Das wohl bekannteste Beispiel ist[8] Joseph, der als Kind Träume hatte, die den anderen Fa-

---

[7] www.kathpedia.de(http://www.Kathpedia.de), Peter Seewald: Kult; München2007,73. Hildegard von Bingen Visionen & Mystik
[8] **Gen 37,5** / 40,1 / 41,12

milienmitgliedern unlogisch erschienen. Seine Brüder hassten Joseph deshalb und wollten den „Nichtsnutz" loswerden, doch es sollte anders kommen. Joseph brachte es als Traumdeuter bis zum Pharao als „Kunden": Gott gab ihm die intuitive Eingebung, mit der er den Traum des Pharaos deuten konnte. Daraufhin beauftragte er den Pharao, bestimmte Vorkehrungen zu treffen, weil es eine Dürreperiode geben würde. Joseph wurde reich belohnt und stieg zum höchsten Verwalter auf.[9]

In der Physik, bei der Suche nach dem Nichts, würde man diese Anderswelt heute mit der Quantentheorie beschreiben können. Das Nichts ist demnach komprimierte atomare Energie, die sich in Form von Licht und schwarzer Materie zeigt. So beschreibt es das Max-Planck-Institut. Warum sollte nicht das Universum, das auch Teil unserer Umwelt ist, ebenso Einfluss auf uns haben wie die Bewegung von Tag und Nacht auf unseren Körper? Unsere Intelligenz stößt hier an Dimensionen, in die unsere gesetzte Begrenzung zwischen Körper und Umwelt nicht passt. Wir erhalten demnach auch kosmische Informationen direkt über das Gehirn. Vielleicht kann man das gut an der Zirbeldrüse des Menschen erklären, die für die Lichtaufnahme zuständig ist und uns dadurch Bewegungen des Tag- und Nachtrhythmus im Körper verschafft.

---

[9] Kinderbuch: Joseph deutet Träume, Egmont Horizont Verlag, Filderstadt

Die Zirbeldrüse liegt mitten in unserem Gehirn, empfängt Lichtsignale von der Netzhaut des Auges und gibt sie über den Sehnerv zum Hypothalamus, einem Abschnitt im Zwischenhirn. Von hier aus werden Lichtreize zum Rückenmark in der Wirbelsäule weitergeleitet und kommen von dort über weitere Wegpunkte zurück zum Gehirn. Die Drüse steuert mithilfe ihres Botenstoffs Melatonin den Schlafrhythmus und die Nierenfunktion, Herzfrequenz und den Blutdruck sowie den geschlechtlichen Hormonhaushalt. Neurowissenschaftler zählen die Zirbeldrüse zu dem Teil des Körpers, der unsere innere Uhr steuert und für unsere Intuition verantwortlich sein soll. Jetzt können wir dies glauben oder nicht. Für uns gibt es jedenfalls nur eine bewusste Steigerung der Sichtweisen, wenn wir uns diesem Unbewussten öffnen und die Möglichkeiten akzeptieren.

Liebe Leser, ich sage Ihnen, es gibt viel größere Dinge, die wir mit unserem Bewusstsein bislang nicht einordnen konnten und die nur wenigen Menschen als Gabe gegeben wurden. Denken sie doch mal an die Wallfahrtsorte der Gläubigen aller Konfessionen. Diesen Wunderberichten zufolge haben gläubige Menschen sogar Heilung erfahren dürfen. Das ist nur eine der Möglichkeiten, wie Glaube im Menschen etwas auslösen kann. Was Menschen also mit ihrem BewusstSEIN erreichen, ist schon als mystisch zu bezeichnen. Manche nennen es auch übernatürlich, weil es körperlich nicht greifbar ist. Unser Bewusstsein wird auf einer höheren geistigen Ebene über Informationen geschult.

4. Bewusst SEIN

Im Kapitel zuvor habe ich viel über BewusstSein geschrieben, was Informationen sind und was sie ausmachen beziehungsweise welche Bedeutung ihnen in Bezug auf die Bewegungen für den Körper zugesprochen werden. Diese Informationen animieren uns zum Lernen und zum Erkennen. Ein Erkenntnisgewinn davon ist zum Beispiel, dass die Herdplatte heiß sein kann, der Mensch sich am Feuer verbrennt, Wasser nicht nur Lebenselixier ist, sondern auch für Naturkatastrophen sorgt.

Wenn etwas im Gehirn fest verankert ist wie unser eigener Name, sprechen wir davon, dass es uns BEWUSST ist. Mir ist bewusst, dass ich Elke heiße und ich würde mich bei anderer Anrede gar nicht angesprochen fühlen. Es ist als Wissen in mir abgespeichert. Diese Existenz vom Wissen wird von mir nicht angezweifelt, weil dies mit all meinen Sinnen im Gehirn fest verankert worden ist. Dies ist mir bewusst und gehört zu meinem SEIN. Deshalb setze ich das SEIN auch in die gesonderte Schreibweise, weil ich hiermit ausdrücken will, dass sich der Mensch mit seinem informativen Wissen in einem absoluten Zustand des Wissenden befindet. Das heißt, der Mensch Selbst steht mit diesem Wissen fest verankert auf der Erde, ohne zu wanken, und ist sich seiner Sache absolut sicher. Der Mensch steht selbstbewusst mit seinen eigenen Füßen auf der Erde. Der Körper, also sein Selbst, ist jetzt mit diesem Wissen programmiert und befindet sich im Gleichgewicht. Somit ist seine Existenz, in ihm spürbar, als SEIN vorhanden.

Falls also Ereignisse im Leben auftreten, in denen unser Körper ins Wanken gerät, kämen wir aus dem Gleichgewicht. Durch Zweifel, Egoismus oder Vertrauensverlust entscheiden wir uns gegen unser selbstbewusstes SEIN und verlieren unser Gleichgewicht. Oft werden wir dadurch anfällig für egozentrische Verhaltensweisen, Ängste oder Krankheiten. Im übertragenen Sinne heißt das: Wenn der Körper nicht im Gleichgewicht ist, wird er krank! Es fehlt ihm etwas, das er dringend benötigt, ob es geistiger, seelischer oder körperlicher Natur ist. Dies weiß nur der jeweilige Mensch allein. Wenn man ehrlich zu sich selbst ist, wird man in der Ursache das Problem erkennen, also den Auslöser des Geschehens. Durch diese Erkenntnis besteht die Möglichkeit, eine Änderung herbeizuführen, damit der Körper wieder im Einklang mit Geist und Seele leben kann.

Das Gehirn ist also ein absolutes WUNDER-Paket, wenn man bedenkt, wie viele Informationen dort abgespeichert sind. Was ist uns Menschen davon überhaupt bewusst? Was ist dieses vorhandene SEIN? Welche Information findet statt, um bewusst zu SEIN. Oder sollte ich fragen, mit welcher Information erkennen wir Wunder?

Ist das Gehirn der greifbare Kopf oder gibt es im Gehirn eine höhere Ebene, die nicht körperlicher Natur und nur geistig zu erfassen ist?

Sind Sie neugierig geworden?

Erst in Teamarbeit vieler wissenschaftlicher Fachrichtungen ist ein Erkennen vom Bewusstsein des Menschen und seiner wirklichen Intelligenz möglich. Das Zusammenspiel des Körpers beinhaltet die komplette Naturwissenschaft von beispielsweise Anatomie, Physiologie, Psychologie, Biologie, Chemie, Physik etc.! Jede Fachrichtung kann durch ihr Wissen Entscheidendes beitragen, um dem Menschen Informationen zu liefern, damit seine Suche zum nicht greifbaren SEIN oder zum Nichts erklärt wird. Durch die mikroskopische Perspektive, die mit den heutigen Technologien möglich ist, schafft sich der Mensch einen Blick nach innen, obwohl er noch im Außen sucht. Die Möglichkeit, uns selbst zu erkennen und dem eigenen SEIN bewusst zu werden, ist bereits vorhanden. Wir Menschen verschließen davor nur die Augen, sonst würden wir längst begreifen, dass alles mit Allem zusammenhängt. Es fehlt die Sicht des Erkennens, vielleicht weil wir nicht über den Tellerrand schauen wollen.

Nun habe ich viele Worte bewusst über das SEIN verloren. Über dieses Thema macht sich der Mensch kaum Gedanken, die meisten nehmen es als gegeben hin oder beachten es nicht. Das sind ja auch Dinge, die im Innern des Menschen ablaufen, dafür ist ein allgemeines Interesse gar nicht vorhanden. Uns ist oft das äußere Erscheinungsbild, die Außenwirkung viel wichtiger. Darüber verlieren wir gern viele Worte und machen uns Gedanken über diese oder jene Personen, anstatt uns selbst an die Nase zu fassen, damit wir unsere eigenen Werte besser verstehen. Das Wort enthält viele Informationen auch von uns selbst: wie wir denken, fühlen und leben. Wie oft nehmen wir andere Menschen ins Visier und erzählen diese oder jene Geschichte über sie und merken gar nicht, dass wir eigentlich über uns sprechen. Deshalb werde ich Ihnen, liebe Leser, das Wort erst einmal ins Bewusstsein bringen.

Was den Menschen besonders macht und als ein intelligentes Wesen auszeichnet, ist der Gebrauch der Wörter. Nehmen wir das Wort „SELBST": Jetzt denkt jeder Mensch zuerst an sich selbst, was durch Erlernen über den Körper im Gehirn gespeichert worden ist. Für den Menschen ist es das eigene ICH. Wir wissen, dass die Person SELBST aus einem Körper besteht, dem ICH. Dieser Körper beinhaltet Organe und Informationen, die zu unserem ICH gehören. Wie zu Beginn ist die Frage nach dem „Wer bin ich?" sofort vorhanden. Wir nutzen Wörter, um uns auszudrücken, unsere Gedanken und Gefühle zu formulieren und verbal mit Menschen in Kontakt zu kommen. In jeder Sprache bestehen Wörter aus Silben und Tönen. Sie animieren uns zum Nachdenken, zum Innehalten, zum Beten. Das alles formt sich zu unserem Selbst.

Wir formen Wörter zu Worten, also zu Redewendungen, zum Beispiel: „Ich nehme dich beim Wort", „Immer musst du das letzte Wort haben" oder „Was du heute kannst besorgen, verschiebe nicht auf morgen".

Menschen benutzen Wörter zur Begrüßung, zum Abschied, zur Erinnerung.

Manche machen viele Worte, andere wenige.

Wir brauchen Wörter beim Argumentieren, zur Diskussion.

Worte machen uns sprachlos, traurig, wütend, aber auch glücklich, selig und zufrieden.

Es gibt noch unzählige Möglichkeiten der Formulierung. Ohne Zweifel nehmen Wörter Einfluss auf unsere Gedanken, auf die Sichtweise des Einzelnen zu bestimmten Themen und auf die Perspektive, wie wir einzelne Dinge betrachten. Worte können verletzen, manipulieren, aber auch aufbauen und bestärken. Das Wort wird noch gewichtiger, wenn der Mensch zusätzlich seine Mimik und Gestik einsetzt. So verleiht der Mensch dem Wort zusätzlich körperliche Bewegung – es wird lebendig.

Nun sollte man annehmen, dass ein bestimmtes Wort für alle dieselbe Bedeutung hat. Wie schwer wir uns selbst tun, zeigt eindrucksvoll das Lied von Tim Bendzko: „Wenn Worte meine Sprache wären ... Worte schwer zu wählen, um meine Gefühle auszudrücken." Dem Wort vorausgesetzt ist, in welchem Zusammenhang im Leben ich mit dem jeweiligen Wort konfrontiert wurde, also mit dem Wort in Kontakt gekommen bin. Aus welcher Situation heraus der Mensch das Wort hat erleben dürfen, trägt anschließend zur gewonnenen Erkenntnis bei. Diese schafft Verknüpfungen im Gehirn, weshalb das Wort für jeden einzelnen Menschen eine ganz persönliche, individuelle Note besitzt. Um dies deutlich zu machen, überlegen Sie einmal, liebe Leser, was Ihnen das Wort „Wasser" sagt. Was fällt Ihnen spontan dazu ein? Sie können dies auch gern mit einem anderen Wort ausprobieren. Vielleicht fallen ihnen Worte wie Durst haben, etwas trinken, Durst löschen, baden oder Meer ein.

Wasser ist für jedes Lebewesen ein notwendiges Elixier. Der menschliche Körper kommt nur wenige Tage ohne Flüssigkeitszufuhr aus. Sonst stirbt er. Das wissen wir alles, aber Ihr Gehirn verbindet das Wort mit dem Wissen Ihrer eigenen Empfindung. Sollten Sie vor dem Ertrinken gerettet worden sein, verbinden Sie wohl nicht gleich das trinkbare Nass mit diesem Wort, da ihr Bewusstsein das Erlebte verarbeitet, die Angst vorm Ertrinken ist zu präsent. Demnach würde die Wortempfindung in der Angst des Ertrinkens liegen.

Innerhalb der Kommunikation mit Wörtern und Worten steht das eigens erlernte Wissen im Vordergrund, die eigene Perspektive des Betrachters. Wenn die Wissenschaft anhand von Versuchen alle Aggregatzustände des Wassers nachweist, bleiben Fragen bei neuen Erscheinungsformen offen. Sie sehen, wie vielfältig die Bedeutung, das Erkennen eines einzelnen Wortes sein kann. Es steht immer unter der Voraussetzung, in welchem Zusammenhang in meinem Leben ich mit diesem Wort konfrontiert worden bin. Deshalb haben die gleichen Wörter nicht immer die gleichen Bedeutungen. Zusätzlich haben wir Wörter entwickelt, die für unterschiedliche Dinge oder Eigenschaften stehen.

Nehmen wir den Begriff „Bau": Da sprechen wir von der Höhle eines Tieres oder von einem Gefängnis und ebenfalls vom Rohbau eines neuen Eigenheims. Hierbei ist die Sicht in den Erzählungen zu berücksichtigen, damit der Mensch versteht, um was es geht. Wir gehen zunächst meist von einer Behausung aus. Doch was wir selbst damit verbinden, vielleicht die emotionale Verbindung dazu, bleibt dem Zuhörer verborgen. Vielleicht empfindet der Erzähler so etwas wie „sich geborgen, beschützt, heimelig fühlen" oder aber genau das Gegenteil davon. Liebe Leser, ich habe die vielen Facetten, die mit dem Wort in der Sprache einhergehen, kurz angerissen, damit Sie verstehen, dass die Sichtweise zum menschlichen Selbst noch um einiges komplexer werden kann. Daran sieht man die Vielfältigkeit eines einzelnen Wortes. Das Wort allein beinhaltet schon Aussagen über viele Aspekte unseres Bewusstseins. Wir benutzen Wörter zur Kommunikation, doch das Wort nimmt auch als Information einen bedeutenden Einfluss auf unseren Körper, auf unser SELBST BEWUSSTSEIN.

Dabei existiert noch ein unbekannter Informationsreiz in uns, der aus dem Unterbewussten kommt. Hierzu hole ich weiter aus und möchte unsere Intelligenz einmal mit einem Computer vergleichen: In einem Computer kann jede Menge Wissen gespeichert werden. Doch wie komplex unser Körper ist, wird erst deutlich, wenn wir uns selbst aus einer anderen Perspektive betrachten.

Der Computerchip ist als Körper und Selbst in den Computer integriert und ständig präsent. Sein Wissen ist eingespeichert. Es existiert aber kein Leben in ihm. Sonst würde der Maschine das bewusst werden und sich der Chip als Selbst erkennen.

Kommen wir zur Komplexität des Menschen:

Wenn eine Eizelle befruchtet wird, weiß sie genau, was zu tun ist. Ich gehe davon aus, dass sie diese Information schon in sich trägt – genau wie der Chip im Computer mit Wissen befüllt ist. Die menschliche Eizelle ist bestückt mit der genetischen Veranlagung und dem erblich bedingten Aussehen. Für die Versorgung der Eizelle mit Energie ist die Mutter zuständig. Im Computer ist der Chip zum Aufrufen bereit, wenn der Computer an einer Stromquelle angeschlossen wird; erst dann bezieht der Computer Energie, um den Chip zu aktivieren. Für seine weitere Entwicklung benötigt der Chip aber die Eingabe von Wissen über den Computernutzer. In der befruchteten Eizelle wird sich nach der Energiezufuhr durch die Mutter in einigen Wochen das zentrale Nervensystem mit Gehirn und Wirbelsäule sowie Blutgefäßen gebildet haben. Wissenschaftlich ist dies wie folgt zu erklären: Vom Embryoblasten (Embryogenese = ungeborene Leibesfrucht) spaltet sich das innere Keimblatt (Entoderm) ab. Es entsteht die Aminohöhle = Aminion (Schafshaut), welche sich vom äußeren Keimblatt (Ektoderm) abhebt. Zu erkennen ist die Schafshaut, also das umzogene Embryonenschild. Am hinteren Ende des Schildes tritt ein Primitivstreifen auf. Es ist der sogenannte Kopffortsatz. Hier bildet sich zwischen äußerem und innerem Keimblatt das mittlere Keimblatt (Mesoderm). Das äußere bildet die Haut und das zentrale Nervensystem. Das mittlere Keimblatt bildet den Bewegungsapparat, Kreislauforgane und Urogenitale weiter. Hier entwickelt sich die Verdauung und Atmung, die für uns unbewusst abläuft.

Das Selbst, also der menschliche Körper, wird sich bis zur Geburt in ständiger Bewegung und Entwicklung befinden – fast wie von Zauberhand. Nach der Geburt muss der Mensch Selbst ständig leben. Die Atmung und der Herzschlag werden dem Baby nicht bewusst sein, aber die Sinnesorgane arbeiten jetzt auf Hochtouren, weil die Informationen das Gehirn schulen. Die ausgeprägte Beziehung zur Mutter sorgt für Geborgenheit und Sicherung der Nahrungsquelle, denn ohne diese Beziehung würde der Mensch nicht überleben. Immer noch hat das Baby angeborene Reflexe in sich, um das Gehirn mit Informationen zu füttern. Es wird solange eine Bewegung durchführen, bis diese im Gehirn verankert ist, deshalb sprechen wir auch vom BE-Greifen. Es wird alles Neue über die Sinne ertastet, geschmeckt, gedrückt. Mit diesen Greif-, Hand- und Fußreflexen entwickeln wir Menschen eine Grobmotorik, die schließlich einen Feinschliff bekommt, damit wir auch im Gleichgewicht sein können, um zu stehen, zu gehen, zu laufen... Der Körper entwickelt sich mit allen Kräften, das Selbst wächst also zu einem bewegungsfreudigen Individuum heran, vom Baby zum Kleinkind, vom Kind bis zum erwachsenen Menschen. Durch die erlebten Informationen nimmt der Mensch seinen Körper bewusst wahr. Hier ist der Unterschied zum Computer gut zu erkennen. Zunächst hat er kaum Erinnerungen an die gelernten Bewegungen, die im Inneren des Körpers stattgefunden haben. Später beginnt die Phase des Erkennens außerhalb des Körpers. Hier haben wir unsere gelernte Grenze des Körpers geformt, damit unser Gehirn weitere Informationen besser zuordnen kann. Es gibt Kontakte mit anderen Menschen und die Erfahrung, dass die Außenwelt zu betreten ist. Die Wahrnehmung des Raumes wird als Information abgespeichert. Das Vertrauen in den eigenen Körper wird immer stabiler, deshalb orientieren wir uns an dieser Körpergrenze um „Selbst"-sicher zu sein. Diese körperliche Grenze ist spürbar, das hat der Mensch als Information im Gehirn selbst abgespeichert. Gefühle, wie Geborgenheit, Liebe, Wärme und Vertrauen durch die elterliche Beziehung sollten in uns Entfaltung gefunden haben.

Doch wie das so ist im Leben, gibt es immer zwei Seiten, zu jedem Plus existiert ein Minus: Die Informationen, die wir empfangen über soziales Verhalten, Werte, Normen, Benehmen, Religionen, eben die Kultur des Menschen, prägen uns in unserer Entwicklung.

Das Plus an den Erfahrungen ist die Vielfalt der Möglichkeiten innerhalb der Entwicklung. Wir kommunizieren mit Mitmenschen auf einer „Wellenlänge", dann vertrauen wir und lernen bewusst dazu. Wir schaffen Fakten, die wir anschließend glauben können. Das heißt, dass ich mich mit Gleichgesinnten umgebe. Sie haben die gleichen Meinungen und Sichtweisen wie ich und wir verstehen uns blind, wie man so schön sagt. Falls einer dieser Personen mit Neuerungen daherkommt, wird es vielleicht nicht gleich angenommen; doch es ist ja ein Gleichgesinnter, also hat er Recht mit dem, was er sagt: „Das ist so!" Da wir nicht anfangen zu zweifeln, wird diese Information angenommen und als Fakt im Gehirn verankert.

Das Minus ist die Begrenzung, die unweigerlich mit den Wissensfakten einhergeht. Wir setzen unserem bewussten SEIN Grenzen. Mit den Fakten, die im Gehirn als gegeben abgespeichert sind, lernen wir, nur eine Sicht der Dinge als Information anzusehen, und gehen nur mit dieser Bewegung konform. Wenn ein Außenstehender eine neue Theorie präsentiert, hat unsere gleichgesinnte Gruppe wohl ein Problem. Sie erhält jetzt zu ihrem ich-wissenden Körper (Ich habe meine Meinung) noch einen du-wissenden Körper (Du hast deine Meinung, die ich nicht vertrete). Wer hat jetzt recht? Ich habe recht und DU bestimmt nicht? Spätestens hier können wir auch Selbsterkenntnis gewinnen: Es muss wohl noch eine andere Möglichkeit existieren. Leider bedeutet die andere Sicht auch, dass wir uns ab jetzt *bewusster* mit Dingen auseinandersetzen müssen. Denn im Leben bedeutet das Zusammentreffen zweier Individuen immer die Erkenntnis von Dualität. Zu einem Pluspol gibt es stets einen Minuspol. Ich sehe es hell, jemand anderes sieht es dunkel.

Zu lernen, mit Konflikten umzugehen, prägt unser Leben. Der Mensch hat die Wahl, sich zu entscheiden, die Meinung anderer anzunehmen oder seine zu vertreten. Ab jetzt existieren also das Gute und das Böse, Yin und Yang, Oben und Unten, Ich und Du. Das könnten wir endlos weiterführen, weil wir in einer dualen Welt leben. Aus dem behüteten Elternhaus geht es los in der Kita, Schule, im Beruf. Dort heißt es, mit unterschiedlichen Kulturen klarzukommen. Da sind Konflikte vorprogrammiert. Verschiedene Standpunkte werden vertreten und ob ich sie annehme oder ablehne, hängt jetzt von vielen Aspekten der Kommunikation ab. Selbst die Körpersprache ist ausschlaggebend dafür, ob ich die

Sicht eines anderen anzweifele oder sie akzeptieren kann. Forme ich mich in meinem Bewusstsein oder werde ich manipuliert? All diese Situationen spielen eine Rolle beim Lernen und beim Austausch über die Sprache.

Spätestens hier kommen Informationen zum Tragen, die wir unbewusst ausführen. Die Urinstinkte zum Beispiel, wie Kampf und Flucht, liegen im „Reptiliengehirn". Die Region im Gehirn, die auch schon bei Steinzeitmenschen vorhanden gewesen ist und deren bloßes Gefühl von Angst uns zum Wegrennen animiert. Ebenso ist in unserem Unterbewussten die Information für das Heranwachsen eines menschlichen Körpers. Jetzt könnte die Frage aufkommen, ob schon alles von Anbeginn vorprogrammiert ist wie beim Beispiel mit dem Chip im Computer. Da alles unbewusst abläuft: Ist es dann unsere Intuition, die uns führt? Vielleicht hatten die kampferprobten menschlichen Wesen in der Urzeit dieses Verhaltensmuster entwickelt. Schließlich mussten sie, so haben wir es in der Schule gelernt, um ihr Überleben kämpfen. Demzufolge würde dieses Wissen der Steinzeitmenschen sich in jeder Zelle verankert haben und uns diese erlernte Information über die Erbanlage immer noch erreichen.

Die Möglichkeit, dass uns diese Bewegung durch die Erkenntnis der Urzeitmenschen innewohnt und bewusst ist, sollte man in Betracht ziehen. Ist alles schon vorherbestimmt und wartet das Bewusstsein auf diese Erkenntnis?

Auf jeden Fall ist in uns die Urinstinkt-Information enthalten, die uns automatisch zum Handeln zwingt. In diesem Moment der Angst entscheiden wir nicht, ob wir bleiben oder fliehen, es ist bereits entschieden. Der Mensch ist sich dessen vollkommen bewusst. Nicht mein Wille geschieht, sondern des SEIN. Instinktiv verlassen wir uns auf die informationsauslösende Bewegung, die uns das Gehirn sendet. Unsere Intuition lässt uns handeln. Ist das vielleicht eine zusätzliche Sinneswahrnehmung? Im Verhalten der Tiere können wir dieses Phänomen ebenfalls beobachten. Wir zweifeln es bei ihnen nicht einmal an.

Wir lernen also unser SEIN durch unseren Körper kennen.

Die Bewegungen des Körpers werden uns bewusst. Durch die Gemeinschaft lernen wir den Menschen mit all seinen Charakteren kennen. Das Leben macht mit uns eine BewusstSEIN-Schulung. Dazu wird die Intuition unser Verhalten auch in die Anderswelt führen wollen, damit der Mensch sein volles SEIN entfalten darf.

Was für ein Verhalten haben wir, um das SEIN zu entdecken? Dazu möchte ich Ihnen, liebe Leser, erst einmal den Aspekt Verhalten näherbringen. Denn das Verhalten wird bewusst gesteuert und auch unterbewusst. Es lebt von Informationen, die wir erhalten und die in uns schon verankert sind. Durch unser Verhalten und das der Tiere offenbart sich dann ein anderes Bewusstsein –

das uns erkennen lässt, was wirklich in uns steckt. Wir haben unser wahres Verhalten aber soweit ruhiggestellt, dass wir gar nicht mehr merken, wie einzigartig wir sind.

5. Verhalten der Tiere und Menschen

Unser Verhalten als Mensch ist geprägt von den Meinungen der Mitmenschen, der kulturellen Lebensweise des Landes, der religiösen Gesinnung und dem Intellekt jedes Einzelnen. Je nachdem, welches Benehmen wir erlernt haben, wird sich dies in unserer Bewegung niederschlagen. Einfacher gesagt: Wenn ich gelernt habe, mich zu bedanken, wird es auch weiterhin in meiner Bewegung zu sehen sein. Wenn ich bestimmte Tischmanieren kenne, werde ich diese Bewegungen weiterhin ausführen. Genauso wird es mit der Kommunikation stattfinden. Bin ich aufgewachsen mit radikal denkenden Eltern, werden zuerst auch diese Bewegungen bei mir vorhanden sein. Es würde sich nur ändern, wenn ich persönlich gewillt bin, andere Denkweisen oder Ansichten anzunehmen. Somit wird unser Verhalten, unser Allgemeinbefinden, unsere Lebensart sich in unserer Bewegung widerspiegeln. Das Gleiche gilt für die Nahrungsaufnahme, unsere Arbeitseinstellung oder das jeweilige Sozialverhalten. Wir betreiben in weiten Bereichen leider auch durch die Industrialisierung nicht immer den Fortschritt weiter voran, sondern engen uns selbst ein. Unser Verhalten gegenüber der Erde lässt zu wünschen übrig.

Meist herrscht Profitdenken in allen Lebensbereichen vor, das den Menschen auch noch mit abgedroschenen Argumenten nahegebracht wird. Der Mensch ist so eingeschränkt in seinem Verhalten, dass er bestimmte Machenschaften gar nicht mehr wahrnimmt und auch nicht auf die Idee kommt, diese zu hinterfragen. Aber bleiben wir bei der Nahrungsaufnahme: Wir haben sie industrialisiert und gleichzeitig den Bezug zur Erde verloren. Die meisten Menschen bauen keine Nahrungsmittel mehr an, sie beziehen sie aus dem Supermarkt. Einen zusätzlichen Auftrag im Schulsystem gibt es, damit Kindern erklärt wird, wo die Nahrung herkommt. Vielen ist nicht bewusst, was sie essen, wenn sie Dosen oder Tüten öffnen, auch nicht, dass die Erde unser Nahrungslieferant ist, zum Beispiel für Kartoffeln, Reis und Gemüse, die Milch durch Melken des Tieres gewonnen wird oder das Fleisch durch Schlachten auf unseren Tischen gelangt. Wir haben verlernt, uns selbst zu versorgen, das übernimmt der Supermarkt für uns. In unserer schnelllebigen Gesellschaft ist dafür keine Zeit. Wir betreiben Raubbau in allen Bereichen des Lebens und haben verlernt, der eigenen Intuition zu folgen oder den ureigenen Instinkt in uns wahrzunehmen. Ständiger Stress, erhöhte Geräuschpegel und geringe Energie bei der Nahrungsaufnahme erschaffen Krankheiten und vieles mehr.

Es scheint, als hätten wir die Natur im Bewusstsein völlig ausgeblendet, obwohl wir ohne sie nicht leben können! Dass wir uns vieler Dinge gar nicht mehr bewusst sind, ist vielleicht ausschlaggebend für unser phlegmatisches Verhalten, die daraus entstandenen depressiven Erkrankungen und die Abkehr vom Glauben an sich. Mit natürlichem Verhalten würden wir im Einklang mit der Natur ein zufriedener, selbst bestimmter Mensch sein und uns der eigenen Berufung zuwenden können, um zu leben. Unsere Pflicht ist es zu lernen und mehr auf uns zu achten, unsere Gefühle zuzulassen, um uns besser einschätzen zu können, was wir als Menschen wirklich brauchen. Dazu zählen einfache Dinge wie Liebe, Zuwendung, Geborgenheit, um nur einige zu nennen. Was ist Ihnen als Mensch denn wichtig? Und ist es in Ihrem Alltag enthalten?

Das Bauchgefühl meldet frühzeitig, wenn das Selbst in Gefahr ist. Instinktiv wissen wir, welchen Lebensweg wir einzuschlagen haben, um uns auf die naturgegebene innere Information berufen zu können. Dies setzt voraus, dass wir damit beginnen, uns selbst zu lieben. Wir müssen Vertrauen in unseren Körper gewinnen, der von Natur aus immer versucht, uns im Gleichgewicht zu halten. Der Körper ist darauf programmiert, dass sich „sein" Mensch wohlfühlt. Wie oft sprechen wir davon, dass etwas Schicksal war? Vielleicht sollte es aber genau so geschehen, damit wir daraus lernen und eine Erkenntnis daraus ziehen, an das Positive in der Welt glauben und Vorahnungen wahrnehmen, um unser Inneres zu erkennen. Leider glauben Menschen schon lange nicht mehr an ihre Vorahnungen, Visionen und Wunder. Sie stempeln es als Schicksal ab, damit wir unser Sein nicht entfalten und uns selbst nicht bewusster werden. Bildlich gesprochen haben sich die Menschen in einem dunklen Raum die Tür verschlossen, deren Schlüssel sie nicht mehr finden können, um sie wieder zu öffnen. Intuition ist eine Möglichkeit, den Schlüssel zu finden, damit die Tür zu öffnen und die Sonnenstrahlen zurückkehren zu lassen. Tieren erlauben wir ja auch, genau diese innewohnende instinktive Information zu besitzen.

Tiere leben im Einklang mit der Natur, ihren Gesetzen und all ihren innewohnenden Informationen wie Intuition oder Instinkt. Der Mensch ist immer noch der Meinung, es sei nur ein Tier. Dies aber steht nicht mit ihm auf der gleichen Ebene der Intelligenz. Die Tiere haben sich den inneren Instinkt erhalten. Zumindest denke ich gerade an die Tsunami-Katastrophe, als Tiere sich in höhere Regionen zurückzogen und so vor der kommenden Welle Schutz suchten.

Bei Erdbeben verhalten sich Tiere absolut still. In der Natur herrscht eine beängstigende Stille, bevor das Beben beginnt. Sie fragen sich vielleicht, woher ich das weiß? Ich lebte eine gewisse Zeit im Rheinland und wachte in der Nacht eines Erdbebens auf. Es war sehr ruhig, nein, absolut still und ich wunderte mich darüber, ging auf den Balkon und hörte absolut keine Geräusche wie sonst. Dies fand ich merkwürdig. Doch schließlich war es drückend heiß und nach einem Glas Wasser ging ich wieder schlafen. Beim nächsten Erwachen wackelten schon die Wände und klirrte das Geschirr. Aus diesem Ereignis schlussfolgere ich unser Verhalten von uns Menschen. Wir kennen diese Information, die vom Gehirn gesteuert wird, nicht zu schätzen. Natürlich können Sie als Leser sagen, das war Zufall, dass ich aufgewacht bin. Aber hätte es mich nicht wachrütteln müssen, da ich mich über die Stille wunderte? Wir fragen gar nicht, warum es vielleicht so still war oder warum die Tiere so reagieren? Wir beachten unsere Sinnesinformationen nicht beziehungsweise haben verlernt, sie zu nutzen, um uns wirklich zu schützen. Deshalb bekommen wir die Katastrophe in geballter Ladung zu spüren. Erst wenn wir realisieren, dass die Erde bebt, entsteht die Angst und die Hilflosigkeit. Doch aus dieser Information eine Erkenntnis gewinnen und diese für sich zu nutzen, blenden wir aus. Die Verhaltensforschung zeigt hingegen, dass die Tiere diesbezüglich sehr wohl Intelligenz zeigen.

Bienen benutzen ihre Flugbewegung als Mittel der Kommunikation. Der sogenannte Bienentanz ist wirklich eine Art der Kommunikation, damit ihre Mitstreiter die Nahrungsgebiete – in dem Fall die Blumenfelder – finden. Gerade auch die Tiere, die in Gruppen leben, entwickeln ihre eigene Kultur durch Weiterlernen aus sozialen Informationen untereinander. Überaus sozial veranlagte Affen sind die Bonobos, bei denen ein äußerst liebevoller Umgang untereinander zu beobachten ist. Aber auch bei Beziehungen zwischen Mensch und Tier herrscht Empathie. Bei der Wassertherapie mit Delfinen zum Beispiel haben Menschen mit Einschränkungen erhebliche Fortschritte gemacht. Hunde und Pferde setzt man therapeutisch für den Menschen ein. Sie profitieren von der besonderen Energie der Tiere und erhalten ein neues Bewusstsein für ihr eigenes Leben.

Dieser Urinstinkt ist also in allem enthalten. Es ist die gemeinsame Spirale des Lebens, aus unseren Verhaltensbewegungen zu lernen. Wir sind nicht verschieden, wir bestehen nur aus anderen Körpern. Jeder hat sein individuelles Selbst, das ihm bewusst werden soll. Warum akzeptieren wir nicht die daraus folgende Erkenntnis des Instinktes in allen Lebewesen?

Weil unsere gemachte Denkweise die Existenz vom SEIN verleugnet!

Ich denke, dass wir durch unsere auf Material ausgelegte Existenz den Blick auf das Wesentliche verloren haben. Es zählt nur das neueste Handy, das coolste Outfit, das Ansehen in der Gesellschaft. Deshalb unterdrückt der Mensch seine Gefühle, um nicht als Schwächling zu gelten. Dass damit aber auch die eigenen Bedürfnisse, also unser Seelenleben, missachtet wird, nimmt der Mensch in Kauf. Er verleugnet sich lieber selbst, als offen seine

Gefühle zu zeigen. Nur wird er sich mit diesem Verhalten vor seinem eigenen SEIN verschließen.

Unsere eigenen, erlernten Glaubensmuster sind kontrollierte Sätze im Gehirn, die uns in Systeme zwängen, damit wir uns vermeintlich sicher fühlen. Wir haben die Begrenzung durch unsere eigene Körperwahrnehmung erhalten und gelernt. Dies verleiht uns die Sicherheit im Leben, die wir brauchen und gibt uns auch die Macht, über unseren Geist zu entscheiden, also über unsere Art zu denken. Wir sind selbstbestimmte Geschöpfe, die sich selbstgezogene Grenzen gesetzt haben. Wenn wir aus dieser selbstgezogenen Begrenzung ausbrechen wollen, ist das mit Ängsten verbunden, da wir unser scheinbar sicheres Terrain verlassen. Hinzu kommt, dass wir gegen unsere Glaubenssätze verstoßen, die von einer durch die Gesellschaft gemachten Norm stammen. Also ist es kein Wunder, wenn der Mensch sich lieber selbst verleugnet und seine wahre Intelligenz im Inneren versteckt bleibt. Doch im Verhalten der Lebewesen existiert etwas nicht Greifbares.

Es ist unser Urinstinkt, der uns immer wieder Möglichkeiten dieser Existenz zeigt, um uns ein höheres BEWUSSTsein verschaffen zu können. Einige Menschen sind sehr kreativ und bekommen bildhafte Vorstellungen als einen sogenannten Wachrüttler: Visionen von einem grellen Licht, das auf sie zukommt, so beschrieb es Hildegard von Bingen. Durch Meditation erlebtes Austreten aus dem eigenen Körper oder Träume, die wahr werden: Eine solche Imagination ist schlicht Einbildung, verrückt, man phantasiert – dafür finden wir noch einige weitere Namen, nur um deren Existenz zu verleugnen. Die Psychiatrie scheint voll davon zu sein.

In diesem Zusammenhang fällt mir der Titel des Buches von Manfred Lütz ein: „Irre! Wir behandeln die Falschen. Unser Problem sind die Normalen"

Denn nicht alle Vorstellungen sind krankhafter Natur.

Selbst Nahtod-Patienten berichten von einem Lichttunnel, den sie bildhaft wahrgenommen haben. Diese Menschen haben durch ihre Bilder eine absolute Gewissheit von einer solchen Existenz. Ob Intuition oder Instinkt – unser Verhalten wird sich nach diesen Erfahrungen grundlegend verändern. Diese Menschen glauben an übernatürliche Begegnungen und die Gewissheit eines Lebens nach dem Tod. Sie sind sich ihrer wahren Größe, ihrer Intelligenz, also ihres SEINs bewusstgeworden. Sie haben ihr Sein direkt gespürt. Mit dieser geistigen Information wurde im Gehirn ein neues Denkmuster geschaffen. Es zeigt eindeutig, dass unser Körper nicht die Grenze unserer Existenz ist.

Menschen mit schwerer Krankheit leben durch ihre Hoffnung auf die Überwindung des Leids mit ärztlicher Hilfe weiter. Ihre positive Einstellung veranlasst den Körper, sich selbst in einen Modus der Heilung zu bringen. Auch Patienten, deren Lebenserwartung laut

Arztdiagnose nur noch Wochen oder einige Monate gewesen ist, erfreuen sich manchmal bester Gesundheit, weil ihr Körper es geschafft hat, sich selbst zu heilen. Diese Menschen hatten keine Zweifel des Sterbens in sich und auch noch nicht mit dieser Welt abgeschlossen. Eine überaus positive Sichtweise hat ihnen geholfen, ihre Krankheit zu besiegen. Sie haben sich ihrem „Schicksal" gefügt, aber ihren Glauben nicht verloren. Damit erhielt der Körper (das Selbst) die Information, sich ins Gleichgewicht zu bringen. Glaube kann also wirklich Berge versetzen. Warum glauben wir nicht an diese Mystik in uns? Warum schieben wir dieses natürliche Wunder von uns und siedeln es in der Esoterik-Ecke an? Die Lebensspirale hält uns die natürlichen Veränderungen vor Augen. Die Geburt, das Leben und der Tod sind im Lebenszyklus enthalten, aber eben auch der Neubeginn, der erst durch das Sterben einen Zersetzungsprozess in Gang setzt, um anschließend Nahrung für erneutes Leben zu schaffen.

Das wird den Kindern schon im Disney-Film „König der Löwen" beigebracht. Mufasa, der alte Löwe muss sterben, damit der Kreis des Lebens weitergeht und der junge Löwe Simba zum König der Löwen werden kann. So ist es auch bei uns Menschen: Den Zeitpunkt des Todes weiß vielleicht unsere Seele, doch unser Körper wird einfach vor die Tatsache gestellt, sterben zu müssen. Biologisch gesehen hört unser Herz auf zu schlagen und im Anschluss bekommt der gesamte Körper nicht mehr genug Energie. Es fehlt die nötige Sauerstoffzufuhr im Körper und unser Gehirn wird es nicht mehr schaffen, den Körper ins Gleichgewicht zu bringen. Das Gehirn setzt einen anderen Ausgleich bezüglich des Gleichgewichtes, indem es das körperliche Bewusstsein aufgibt. Jetzt kann die Seele geistig und energetisch allein in einer „anderen Welt" existieren, sie wird im Nichts verschwinden. Weil es unsere Vorstellungskraft übersteigt, finden wir dafür keine andere Benennung. Uns fehlen schlicht die Worte dafür. Belassen wir es bei dem Versuch, EINSzuSEIN. Es liegt an Ihnen, liebe Leser, dies für möglich zu halten oder den Gedanken abzulegen. Vielleicht gehören Sie aber auch zu den Menschen, denen das bewusst ist. Ich hoffe, dass Sie, liebe Leser, erkannt haben, wie wichtig das Wissen über unser Verhalten ist. Denn auch aus dem Unterbewusstsein erhalten wir Informationen, die unser Verhalten prägen können. Diese Informationen sind instinktiver beziehungsweise intuitiver Natur, sodass der Mensch die Möglichkeit besitzt, auf seine ureigenen schöpferischen Begabungen zu stoßen. Der Sinn und Zweck dieser Eingebungen ist einzig und allein dazu da, unser SEIN bewusst erleben zu dürfen. Diese Informationen erhalten wir selbst nur intuitiv. Darauf werde ich im nächsten Kapitel eingehen.

6. Auf der Suche nach dem Ursprung der Intuition

Der Psychiater Eric Berne definierte Intuition wie folgt: „Eine Intuition ist Wissen, das auf Erfahrung beruht und durch direkten Kontakt mit dem Wahrgenommenen erworben wird, ohne dass der intuitiv Wahrnehmende sich oder anderen genau erklären kann, wie er zu der Schlussfolgerung gekommen ist."[10]

Liebe Leser, sicher haben Sie in ihrem Leben schon spontan etwas durchgeführt. Sie haben nicht lange nachgedacht, sondern aus dem Bauch heraus entschieden: „Das mach ich!" Damit würde ich meine Erfahrung, meine Erkenntnis, mein Wissen und mein Verständnis über die Wörter Intuition oder Instinkt auch meinem Bauchgefühl überlassen. Denn zuvor konnte ich mich zwischen diesen beiden Wörtern für die Überschrift nicht entscheiden. Instinktiv würde bedeuten, dass ich eine Ahnung habe von diesen Dingen, sie aber nicht benennen kann. Wähle ich die Intuition, würde ich intuitiv handeln, weiß aber trotzdem nicht warum! Doch egal ob ich die Ahnung oder die Handlung ausführe – es bleibt

---

[10] Berne,E., 1977 – Intuition and States

immer etwas Mysteriöses. Es ist etwas vorhanden, das wir nicht fassen können und unser Gehirn nicht einzuordnen weiß. Damit ist für mich bewiesen, dass diese nicht nachweisbare Information in meinem Gehirn, meinem Geist, meiner Seele und meinem SEIN vorhanden ist. Wenn ich also auf die Eingebungen höre, die ich als Informationen im Gehirn intuitiv empfange, werde ich mir der Quelle meines SEINs bewusst.

Es gibt also etwas nicht Belegbares, Geheimnisvolles in unserem Leben. Habe ich jetzt das Nichts im Menschen gefunden und damit die Existenz des Nichts bewiesen? Sie, liebe Leser, haben wieder die Wahl, dieses Wissen zuzulassen oder es als Unsinn abzustempeln und mit dessen Nichtbeachtung weiterzuleben.

Die Wissenschaft ist ständig auf der Suche nach dieser Existenz.

- In der Mathematik und der Physik wird die Informationsverarbeitung genutzt, um genaue Berechnungen der Elementarteilchen, Moleküle bestimmter Stoffe oder Atome durchzuführen. –
- In der Chemie und Biologie werden gleiche Stoffe in unterschiedlichen Materien nachgewiesen.
- Die Formen und Körper der Mathematik eignen sich auch Künstler an, um Bilder und Skulpturen zu erschaffen. Sie nutzen ebenso den sogenannten „goldenen Schnitt", der überall in der Natur zu finden ist.
- In Flora und Fauna werden kristalline Strukturen unter

dem Mikroskop betrachtet. Alles lässt sich in gleiche Formen einordnen, was durchaus mysteriös erscheint.

- Selbst die Berechnungen der Planetenumlaufbahnen ergeben beim Schnelldurchlauf am Computer bestimmte Formen. Die Umlaufbahn der Venus um die Sonne, bis sie wieder an ihrem Ursprung angekommen ist, besitzt die Form einer fünfblättrigen Blume!

Letztendlich sind es diese kleinen Teilchen, die unser Leben ausmachen. Jetzt fragen Sie sich, liebe Leser, was hat das mit Intuition zu tun? Da der Mensch alles beweisen und belegen will, schauen wir nun, wie weit die Wissenschaft den Menschen kennt und ob die Intuition im Menschen nachzuweisen ist.

Wenn der Mensch in die kleinsten Teilchen zerlegt werden kann, die unter dem Mikroskop zu sehen sind, welche sind dann im Gehirn vorhanden?

Es gibt biochemische Teilchen, man nennt sie Neurotransmitter. Neuro heißt nichts anderes als Nerven, Trans würde ich als mittransportieren und Mittler oder Weitergeber bezeichnen. Es sind somit Botenstoffe, die zum Informationsaustausch gebraucht werden. Neurotransmitter sind Stoffe, die die Nervenzellen durch elektrische Impulse ausstoßen. Je nach Funktion setzen sie sich aus bestimmten Molekülen zusammen und steuern unsere Bewegung. Sie steuern etwa den Schlaf- und Wachrhythmus und ob wir euphorisch sind oder eher depressiv. Den Schlüssel dazu bilden

die sogenannten Synapsen, die Informationen der Nerven weiter-
leiten zu anderen Zellen (Drüse-, Muskel-, Nerven-, Sinneszelle).
Dieser Schlüssel ist der Kontakt, um Vorgänge auch wirklich in die
Tat umzusetzen. Diesen ganzen Informationsprozess im Menschen kann man sich bildhaft gut vorstellen. Stellen Sie sich vor,
dass der Strom in elektrischen Leitungen zu bestimmten Zielen
fließt, um entweder eine Stehlampe oder eine Deckenlampe zum
Leuchten zu bringen. Hier können Sie die Lampe aber an- und
ausschalten, je nach Gebrauch. Nur bei uns Menschen selbst feu-
ern die Nerven unablässig Informationen und setzen uns in Bewegung. Wer den Impuls zur intuitiven Bewegung gibt, ist damit
noch nicht geklärt, aber in unserem eigenen Körper (Selbst) ist
diese Informationsmöglichkeit angelegt.

Die Astrophysik bietet Erklärungen hinsichtlich elektrischer Felder
im Gehirn. Diese sind wie bei einem Handy von elektromagneti-
scher Natur und gehen weit über die materielle Form des Telefons
hinaus. Dank dieser unsichtbaren Felder nehmen wir Impulse o-
der Wellen auch aus weiter Ferne auf. Könnte dies nicht auch
beim menschlichen Körper der Fall sein? Wenn Sie, liebe Leser,
gern Kreuzworträtsel lösen, wissen Sie sofort, welches Wort mit
vier Buchstaben bei „Ausstrahlung des Menschen" gesucht wird.
Sie schreiben in die leeren Kästchen also das Wort „Aura" hinein.
Diese Ausstrahlung, die uns umgibt, spüren wir nicht direkt. Doch
kann ich durch die Aura nicht vielleicht Informationen aufnehmen,

die direkt zum Gehirn führen, also nur auf geistiger Ebene stattfinden? Diese Fragen werfen einen Gesichtspunkt auf, der die Möglichkeit gibt, dass dem Menschen hier der Eingang für intuitives Wissen direkt von der Quelle zugänglich ist. Da dies auf geistiger Ebene stattfindet, werden wir Menschen das nicht gleich auf körperlicher Bewegungsebene spüren. Es gelangt direkt zum Gehirn, zu unserem SEIN. Damit empfangen wir vielleicht nur Wörter, die uns bewusst werden, Bilder oder aber Impulse zu unseren Gefühlen. Wenn uns ein ungutes Gefühl beschleicht, ist es vielleicht genau diese intuitive Information, die wir wahrnehmen. Das elektromagnetische Feld nimmt also Wellen wahr, die uns als Information dienen.

Die Erde ist unser Rhythmus-Geber; denken Sie nur an Tag und Nacht. Wir haben unseren individuellen Biorhythmus, der vom Magnetfeld der Erde gesteuert wird. Einige Menschen sind so sensibel, dass sie sich bei Klimaveränderungen nicht wohlfühlen. Die Rutengeher sind der Meinung, dass diese geomagnetischen Felder auch Beschwerden beim Menschen auslösen können, zum Beispiel Kopfschmerzen. Wir nehmen also Impulse wahr, die unsere Bewegung beeinflussen. Selbst bei einer Sonneneruption bemerken wir die Veränderung auf der Erde. Einige Menschen haben Angst, dass deren Strahlen unsere Erde bezüglich der Internet-Kommunikation lahmlegen könnten oder verantwortlich für Stromausfälle insgesamt sind. Bewiesen ist, dass wir Wellen oder

Impulse wahrnehmen, in derselben Form wie Handys. Das heißt, uns umgibt ein Energiefeld, das Informationen besitzt, die Bewegungen auslösen.

Wer steuert diese?

Jetzt sind wir im Universum angekommen und brauchen die Quantenphysik zur Erklärung, damit wir einen Beweis der Wissenschaft erhalten, ob die Intuition im Menschen nachzuweisen ist. Schauen wir mal auf die Ergebnisse der Wissenschaft im All. Dort ist der größte Teil der Materie dunkel und nur wenige Atome sind sichtbar. Wir befinden uns also im Nichts, über das ich mir als Kind ja schon Gedanken gemacht habe. Wer oder was ist hinter dem Nichts? Die Wissenschaft versucht den Urknall, also die Existenz der Schöpfung zu belegen. In der Europäischen Organisation für Kernforschung (CERN) wollen sie mit Hilfe eines Teilchenbeschleunigers den Urknall simulieren. Das Higgs-Boson (einige nennen es Gottesteilchen) soll die Existenz der Schöpfung beweisen. Jetzt liegt es an Ihnen, etwas in diesem neuen Wissen zu erkennen, damit Sie sich selbst bewusster werden. Um diese Dimension zu erfahren, müssen wir Menschen anfangen zu **glauben**, auch wenn in diesem Nichts kein fassbares Material oder keine Information für das Gehirn gegeben wird. In dieser Information steckt nur unendliche Weite ohne Raum und Zeit. Man kann sie nicht anfassen, also beGREIFEN. Durch den Glauben hat unser Gehirn eine Möglichkeit der Einordnung geschaffen, mit der wir die Existenz des Nichts sowie unser uns selbst bewusstes SEIN beweisen. Lediglich das Vertrauen fehlt uns, um glauben zu können.

Versuchen wir mal den Glauben zu ergründen... Was ist für Sie, liebe Leser, Glaube?

Dazu hat jeder Mensch seine eigenen Informationen abgespeichert. Allein gemein ist der Ursprung dessen, was Glaube bedeutet: Es enthält immer etwas Mystisches. Der Glaube ist vorhanden, einen Beweis dafür gibt es nicht, er ist nur durch Überlieferung weitergegeben und verändert worden sowie je nach Kultur gelebt. Meist sprechen Menschen über Glauben nur mit einem Bezug zu Religionszugehörigkeiten. Doch alle Religionen streben nach diesem nicht nachweisbarem SEIN, dieser Dimension, dieser bewussten Existenz eines Schöpfers und der Verbindung zu allem, was es auf der Erde gibt.

Von Anbeginn der Menschheit gibt es den Glauben in uns. Er ist je nach Kultur ausgeprägter und in uns selbst verankert. Ob sie bis heute durch das Zellbewusstsein weitergegeben oder als gelebte Kultur vererbt worden ist, ist nicht entscheidend, denn beides unterliegt einer gelernten Information, die uns anhaftet. Es bleibt uns also die gottgegebene Wahl, uns entscheiden zu dürfen, welche Richtung des Glaubens wir einschlagen. Der kleinste Teil dieser Information ist nach wie vor verborgen. Denn allem gleich ist immer noch der Glaube an die Existenz eines Höheren

Körpers, auf den wir blicken. Deshalb schauen auch die meisten Menschen nach oben, sie erwarten von dort etwas. Der Mensch hat im sozialen Leben gelernt, dass bedeutungsvolle Menschen auf die geringeren herunterschauen (Kaiser und Könige mit ihren Untertanen). Die Macht ist höhergestellt und weist deshalb den Blick in die Höhe.

In den Religionen versuchen Menschen, sich mit diesem Höheren zu verbinden. Sie glauben an die Allmacht, der Himmel und Erde erschuf und „sah, dass es gut war", so wie es der jüdisch/christlichen Mythologie zu entnehmen ist. Auch im Islam findet sich die Aussage, dass Allah die Erde erschuf. Den Nachweis dafür findet man im Koran.[11]

Dort dauert die Schöpfung sechs Tage. Detaillierter war die Schöpfung hingegen laut Sure 41,9-12, bei der sie acht Tage gedauert hat. Im Hinduismus ist die Schöpfung ein ewiger Kreislauf der Materie im ganzen Universum, wobei der Schöpfer (Brahman) Einzelteile immer wieder neu zusammensetzt.

Durch das Naturgesetz erhält man die Information des Vergänglichen und der Wiedergeburt. Diese Beziehung, die uns alle verbindet, ist das Bewusstsein, das Wunder der Natur. Was wir hier mit Worten suchen, ist namenlos, allumfassend, allgegenwärtig und einzigartig. Es ist nur mit dem Glauben, also dem Geist in uns zu

---

[11] Suren 7,54 – 10,3 – 11,7 -25,59

erfassen. Die Bewegung der Geburt und des Todes ist für uns unfassbar. Nur der Glaube an eine unvorstellbare transzendente Kraft beinhaltet die unterschiedlichen Weltanschauungen der vielen Religionen. Damit dieser Glaube fassbar wird, haben sich die Menschen heilige Symbole oder Objekte geschaffen, um den Glauben besser im Gehirn speichern zu können.

Die Bedeutung des Wortes Religion beschreibt Augustinus wie folgt: „Die wahre Religion ..., durch die sich die Seele mit dem einem Gott, von dem sie sich gewissermaßen losgerissen hat, in der Versöhnung wieder verbindet." Diesen Satz finde ich zutreffend. Vielleicht sind Sie, liebe Leser, nicht gläubig oder bezeichnen Ihre Religion anders– dann setzen Sie für das Wort Religion einfach Ordnung, Recht, Sitte, Brauch, Lehre oder das Überkommen dieser Existenz ein. Hinter jeder dieser Religionen verbirgt sich ein Geheimnis, eine Macht der übernatürlichen Kraft. Eine ÜBER den SINNen Leben des ICHs. Es versetzt uns in Staunen und es gibt durch diesen Glauben unerklärliche Wunder. Dieser Glaube schafft es, in uns selbst einzuwirken und unsere gesetzten Grenzen zu sprengen. Haben wir jetzt die Information gefunden, die unsere Intuition steuert?

Ich denke gerade wieder an die schwer Kranken, die sich mit einer besonders ausgeprägten positiven Einstellung für das Leben entscheiden, obwohl ihnen der Tod vorausgesagt worden ist. Sie besitzen dieses Glauben, dieses tiefe innige Bewusstsein, welches

Wunder bewirkt. Dabei ist man der Allmacht gegenwärtig. Wieso fällt es uns so schwer, uns selbst damit zu verbinden? Vielleicht sollte der Mensch lernen, genauer hinzuhören, hinzuschauen, um diese Allmacht im eigenen BewusstSEIN zu entdecken. Dieses Wunder ist real, wir können es sogar beobachten: vom Samen zum Baum, vom Korn zum Brot, von Klein zu Groß, von diesem durch unser Selbst geschaffenes Dualsystem hin zu der Einheit des Allumfassenden SEINs. Wenn wir uns erlauben, uns nicht selbst zu begrenzen, entdecken wir unsere Zugehörigkeit im System des Alls – Einen, dem Nichts und doch Allem.

Die Naturvölker sind sich dessen bewusst. Sie setzen die Erfahrung der nicht zu erklärenden Wunder in Form eines Gottes ein, um das vorhandene Wissen über die Natur einordnen zu können. Durch diese höhere Ordnung wird dem Naturbewusstsein gehuldigt: das Wunder der Fruchtbarkeit, die Macht der Steine, die Bedeutung der Tiere, das Gefühl der Pflanzen, die Geborgenheit der Mutter Erde. Der Mensch besitzt dort noch seinen ausgeprägten Instinkt und ist sich der Natur mit ihren Gesetzen bewusst. Sicher wird es dort auch Menschen geben, die Informationen über Kraftorte, Heilpflanzen und andere Energien besitzen, um den Körper ins Gleichgewicht der Natur zurückzuführen. Sie handeln dabei intuitiv.

Eine genaue Erklärung für eine Schöpfungsgeschichte wird man nicht finden. Selbst bei den ägyptischen Überlieferungen finde ich nur eine mythologische Annahme. Dort wird die Sonne (Sonnengott RA) am Himmel gegen Westen ziehen, bis zum Untergang am Abend. Wo Sie durch den Mund der Göttin Nut (Göttin Isis) verschluckt wird. Die Sonne durchquert in der Nacht den Weltenurgrund (Nun), dessen Körper das Leben ernährt. Um am Morgen durch die Göttin wieder geboren zu werden, damit die Sonne am Himmel ziehen kann. Die Ägypter erklären die Schöpfung anhand von Göttern, bei dem das Urdunkel unser Leben hervorbringt in Gestalt der Sonne. Um Wissen über die Welt erlebbar zu machen, wählte man nicht nur das Wort, sondern auch Bilder und erzählte Geschichten, um sich ein Gefühl dafür zu verschaffen. So könnte ich mir vorstellen, wie das erste Symbol entstanden ist. Der Kreis als Symbol der Sonne, die Leben erschafft. In anderen Kulturen ist der Kreis ebenso präsent, wie an den Steinkreisen in Europa zu sehen ist: Stonehenge in England zum Beispiel, die Ringwallanlagen in der Nähe von Trelleborg in Dänemark oder kirchliche Bilder mit ihren Heiligenscheinen – oder Agrippa von Nettersheim aus Frankreich, der mit seiner Philosophie die Beziehung des Menschen zur Gesamtheit der Schöpfung beschreibt und zeichnerisch den Menschen als Mittelpunkt in einem Kreis darstellte.

1924 hat der Mathematiker Benoît B. Mandelbrot die fraktale Geometrie entwickelt. Die sogenannte Mandelbrotmenge setzt sich aus komplexen Formen zusammen, die sich von einem Punkt ausgehend spiralförmig weiterbewegen.[12] Dieses Ewigkeits- oder Schöpfungsdenken prägt uns Menschen von jeher und bis heute suchen wir. In der Kultur der Menschen ist Religion vorhanden. Der jeweilige Glaube hat durch die Kulturen nur andere Perspektiven beziehungsweise Sichtweisen hervorgebracht, leider aber auch Menschen, die ihre Macht damit beanspruchen. Diese Menschen verbreiten Informationen, die unser Bewusstsein verängstigen und wir so bereit sind, Dinge zu glauben, deren Nutzen nur dem Machtausübenden einen Vorteil verschafft. So erhält der eigentliche Glaube viele Facetten, die uns Menschen die Sicht auf das Wesentliche versperren und so unsere Intuition abhandenkommt. Schließlich möchte jeder Mensch friedlich leben. Das ist tief in uns verankert.

Der Glaube in den heutigen Weltreligionen Christentum, Islam, Hinduismus, Buddhismus und Judentum beinhaltet nur eine Schöpfung. Egal welcher Glaube gelehrt wird – im Grunde glauben alle Menschen intuitiv an diese höhere Macht, die uns erschaffen hat, für uns nicht erklärbar ist und trotzdem leitet sie uns. Vergleicht man die Religionen miteinander, erkennt man, dass alle die Allmacht des Geistes als Grundlage des Glaubens sehen und dass es neben der Allmacht nichts anderes gibt.

---

[12] Mystika/Die großen Rätsel der Menschheit von Peter Fiebag, Elmar Gruber und Rainer Holbe – Weltbild – ISBN 3-8289-0804-7

Nach jüdischer Tradition beginnt die Geschichte Israels mit Jahwes Verheißung vom Land und den Nachkommen von Abraham[13]. Sie beanspruchen den wahren Glauben für sich. Alle anderen sehen sie als Heiden, also Nichtgläubige an. Sie erkannten als erste, dass es für die Allmacht keinen Namen gibt. Es ist namenlos, man weiß in der Überlieferung um die Existenz dessen, gab ihm aber keinen Namen. Um davon zu erzählen oder zu berichten, brauchten die Menschen eine Bedeutung für diese höhere Macht und setzten diese Beziehung mit EL = Herr oder JAHWE[14] als Wort ein. Damit haben sie dieser Allmacht allerdings eine Einschränkung in ihren Aufzeichnungen gegeben. Sie erklärten das Wunder am sozialen Leben. Da war das Oberhaupt der Familie aber männlich. Bei den Aufzeichnungen musste nun auch der Schöpfer männlich sein, denn schließlich war der Herr ja allmächtig. Jeder Jude untersteht diesem Schöpfer und so bildeten sie gelehrige Schüler zu Rabbinern aus, deren Auslegung der Thora (hebräische Bibel) und ihre Gesetze und Lebensweise im Talmud (bedeutende Schriftstücke) zu finden sind. Der Mittelpunkt im jüdischen Leben ist die Thora, sie umfasst auch die fünf Bücher Mose. Einige Juden glauben, dass die Worte, die Mose empfangen hat, direkt von der Allmacht überliefert worden ist. Diese Allmacht duldet zudem keine anderen Götter neben sich.

---

[13] 1.Mos 13,14-18
[14] 1. Buch Mose, Genesis 28, 12-15

Letztendlich hat auch das Christentum die fünf Bücher Mose in ihren heiligen Schriften. Die Aufzeichnungen darüber befinden sich in der Bibel, im Alten Testament. In diesen Schriften heißt es: „Ich bin der, ich bin da." Bei noch älteren Überlieferungen findet nur **„Ich bin"** den Ausdruck für den Allmächtigen. Die Christen sagen zu ihm: Gott und erklären dies mit der Dreifaltigkeit (Vater, Sohn und Heiliger Geist). Viele Juden hoffen noch immer auf den kommenden Messias (Erlöser). Bei den Christen war er schon da. Es ist dort Jesus, der uns das Wort Gottes als Sein Sohn übermittelt hat. Jesus präsentiert seine Erkenntnisse durch die Allmacht des Vaters und beschreibt auch den Heiligen Geist. Es bindet den Glauben an dieses Wunder, welches jeder Mensch ersehnt: das Streben nach der Vollkommenheit, die im Dunkeln verborgen und durch das Licht der Liebe geweckt wird.

In der Heiligen Schrift des Islams, dem Koran, sind die göttlichen Botschaften niedergeschrieben, die Muhammad als Visionen vom Allmächtigen empfing. Die Muslime, wie hier die Gläubigen genannt werden, leben in völliger Hingabe zu Allah. Muslim kann man wohl übersetzen mit „Derjenige, der sich hingibt". Auch hier ist die Rede des Allmächtigen die Grundlage, wie im Koran zu lesen ist. Berichte (Hadithe) über die Verhaltensweisen (Sunna) Mohammeds (deutsche Schreibweise) sind ausschlaggebend für die Lebensweise der Gläubigen. Für Muslime ist Mohammed der

„Gesandte Gottes" (Prophet). Andere Götter neben Allah zu stellen, ist Sünde.

Diese Religionen bergen weitere verschiedene Weltanschauungen in sich. So gibt es innerhalb dieser drei großen Religionen der Juden, Christen und Muslime noch Zweige, die sich der großen Allmacht bewusst sind, doch ihr Leben ein wenig anders gestalten und in Konflikt leben mit der Ursprungsreligion, obwohl sie an dieselbe männliche höhere Führung glauben.

Menschen glauben auch, dass sich das Leben und der Tod in einem ständigen Kreislauf befinden (Samsara) und eine Wiedergeburt (Reinkarnation) stattfindet. Vielleicht haben sie sich das religiöse Leben der frühen Menschheit bewahrt. Dort gab es den Mutter-Gott, den Baum- oder Steinkult, das Wissen der Tiere – also vom Wissen der Natur durch mündliche Überlieferungen bis zum Aufschreiben dieser Begebenheiten zur heutigen großen Religion des Hinduismus. Die Sprache der Veden (Wissen) zeigt diese Überlieferung zusammengefasst, verfeinert und geweiht zum heutigen Sanskrit (Heilige Sprache). Diese Religion ist eine Heilige Sprache, weil sie die Kräfte des Klanges nutzt, um die Kraft auch zu spüren. Vielleicht kennen sie in Europa aus früheren Kulturen ja noch den sogenannten Brumm-Stein, der Schwingungen im Körper erzeugt. Im Hinduismus hat die Religion für das Bewusstsein der Allmacht, dies All Eine, auch die Klänge beziehungsweise Schwingungen des ganzen Kosmos mit einbezogen.

Die Menschen suchen nach dem Wissen des All Einen und mit Hilfe der Mantras als Gebet wollen sie über eine tiefe Meditation das Wunder erfahren. Dies ist dem Yoga sehr ähnlich. Über bestimmte Übungen mit Meditation gelangt der Mensch zur inneren Ruhe. Sanskrit hat im Hinduismus als Sprache der Brahmanen (Priester) große Bedeutung. Das Streben nach Auflösung von der weltlichen Illusion ist das Bemühen dieser spirituellen Menschen, der Brahmane sucht die höchste Weisheit (Sadhana).

Buddhisten berufen sich auf die Lehre des Siddharta Gautama, den „historischen Buddha". Buddha übersetzt bedeutet „Erwachter". Um mit der buddhistischen Lehre die Allmacht zu erreichen, wird versucht, das leidvolle Dasein zu überwinden, um eine befreiende Einsicht in alle Lebensbereiche zu erhalten. Diese Denkweise oder Philosophie lässt Menschen erkennen, wo das Wunder der Sprache, des Gedankens zu finden ist. Durch lange Meditation und Achtsamkeit erlangt der Mensch eine Entfaltung zu neuem Wissen. Hierzu ist die Aufmerksamkeit zur Natur und zum Selbst wichtig, damit der Geist entdeckt werden kann. Hat man eine völlige geistige Entfaltung erreicht, erkennt der Mensch das „Ursache = Wirkung"-Prinzip. Sie kennen vielleicht den Ausspruch „Wer Wind sät, wird Sturm ernten" oder wie meine Oma immer sagte: „Wie man in den Wald hineinruft, so schallt es heraus."

Ich weiß, dass der Mensch nicht immer die Ursache erkennt,

wenn er mit den Auswirkungen konfrontiert wird. Wenn wir die Ursache in Krankheitsfällen suchen, sehen wir immer nur das Symptom. Was die Krankheit ausgelöst hat, liegt vielleicht viel tiefer begründet. Burn-out bekommt man nicht einfach so, die Ursache liegt in zuvor ausgelösten Stresssituationen. Erst wenn man dies erkennt, schafft man sich wirkliche Abhilfe. Somit kann man ein selbstbestimmtes Leben führen und glücklich und zufrieden leben.

Meditation ist ein praktisches Mittel, um dauerndes Glück zu erreichen. Das Verstandene wird so zur Erfahrung. Wenn man zusätzlich niemandem Leid zufügt (z. B. Zorn, Wut) und sich immer wieder seiner eigenen Verantwortung (Ursache/Wirkung) stellt, wird laut Buddhismus der Mensch toleranter und gewaltlos, weil dies sein Karma (Tat oder Wirkung) ist. Er erlangt das Verständnis dafür, dass jeder für sein eigenes Glück verantwortlich ist. So reflektiert man im Geist sein eigenes Handeln und Tun. Leid wird vermieden, Glück entsteht. Natürlich gibt es genügend Menschen, die nicht das Erwachen anstreben, diese haben in den Augen des Buddhisten die Gesetzmäßigkeit von Ursache und Wirkung noch nicht erkannt. Wer sein Leid sucht, wird in der Vergangenheit die Ursache finden. Durch positive Verstärkung kann das Negative abgebaut werden. In dieser Religion findet man die Anleitung, um zu diesem Wunder zu gelangen. Somit ist sich jede Religion ihres Selbst bewusst. Jede für sich legt das Bewusstsein nur anders aus.

Eins ist damit bewiesen: Alle Menschen, egal welcher Konfession, Kultur oder welchen sozial Status, versuchen durch ihre Bräuche und Rituale, zu dieser einzigen Macht – nennen wir es Anderswelt – zu gelangen. Jeder sieht seinen Weg als den winzig richtigen an und alle sind sich dabei dem namenlosen Sein in sich selbst bewusst. Anscheinend liegt in dieser Suche, die wir intuitiv durchführen, auch die Schöpfungsfrage nach dem Nichts!

Die Intuition ist ein göttliches Geschenk,

der denkende Verstand ein treuer Diener.

Es ist paradox, dass wir heutzutage angefangen haben,

den Diener zu verehren und die

göttliche Gabe zu entweihen.

Albert Einstein

7. In der „Anderswelt" bewusst SEIN

Wie steht es mit Ihnen: Sind Sie sich diesem Allmächtigem, diesem Wunder der Natur bewusst, diesem Funken in uns, der seit Generationen die Menschheit begleitet und zum Lernen animiert, dieser Intuition in uns, die uns immer begleitet, um uns auf etwas hinzuweisen, was wir entdecken sollen? Jeder Mensch hat die Wahl, genauso wie Gegensätze sich anziehen und abstoßen. Er darf sich diesem Wissen öffnen oder sich dessen verschließen. Doch es ist in jedem von uns als Information angelegt.

Wie bei einer Batterie gibt es einen Plus- und einen Minuspol. Sie ziehen sich an und stoßen sich ab. Es gibt auch im Leben immer Licht und Schatten sowie Gut und Böse. Vielleicht fallen Ihnen, liebe Leser, noch mehr Gegensätze ein. Die eingenommene Sichtweise auf die Dinge lässt das Glas halb voll oder halb leer erscheinen. Viele Menschen verleugnen diese ihnen innewohnende Energie, die zu finden ist in der Natur, der Gesellschaft, dem Menschen, an sich selbst und im Glauben an den Schöpfer.

Vertrauen ist das Zauberwort, das jeder dazu braucht. Vertrauen in uns selbst besitzen schließt auch das Wunder der Natur mit ein. Wir gehören dazu, lassen Sie sich also von diesem Wunderbaren,

Geheimnisvollen inspirieren und fangen Sie an zu *glauben.*

Gläubige Menschen bewahren sich den Blick für das Wesentliche, sehen das Wunder, von Mensch und Natur und finden sich auch überall wieder. Sie gehören dazu, sie sind nicht allein. Es spielt keine Rolle, welche Hautfarbe ihr Gegenüber aufweist, welche Sprache gesprochen wird, welche Kultur gelebt wird oder welches Geschlecht das Gegenüber besitzt.

Die Besonderheiten bei einem Stein, einer Pflanze oder bei einem Tier sehen wir. Warum sehen wir dies nicht auch bei der Gattung Mensch?

Die Erde ist so reichhaltig und wenn wir aufeinander zugehen, uns einen Augen-Blick schenken, können wir den einzigartigen Schatz entdecken, den die Erde beherbergt. Haben Sie Vertrauen zu ihrem Urinstinkt und lassen Sie sich nicht von Konflikten in die Irre führen. Diese irreführenden Lernprozesse sind für unseren Werdegang natürlich wichtig, damit wir lernen, „erkennen" zu können: zum Beispiel, dass Gewalt nur noch mehr Gewalt hervorruft. „Auge um Auge, Zahn um Zahn": Mit diesem Satz wird in der Bibel aufgezeigt, dass es schon früher unter den Menschen Konfliktpotenzial gegeben hat. Spätestens wenn wir akzeptieren, dass wir alle Geschöpfe dieser Erde sind, könnten wir den Satz „Liebe deinen Nächsten wie dich selbst" besser verstehen.

Vertrauen heißt auch, dieses intuitive Wissen in uns zu akzeptieren, es anzunehmen. Diese Schöpfung in uns behütet, umsorgt und führt uns. Wir können uns geborgen und beschützt fühlen. Diese Energie in uns, diese liebevolle, mächtige allumfassende Kraft bezeichne ich als göttliche Energie. Aber ob Sie es Gott nennen, Allah, Brahma, Nirwana, Universell ... es ist und bleibt die einzige Kraft der Schöpfung. Jeder kann diese Kraft entdecken und jeder besitzt sie. Wir sind Schöpfer in uns und nicht Zerstörer.

Mit der Erkenntnis, dass es etwas Höheres in uns selbst gibt, besitzt unser Körper die Information zur Aktivierung der Selbstheilung. Wir erweitern damit unser bewusstes Sein und sind in der hohen Schule des Geistes angekommen. Im Prinzip sind wir dann „rein von Sünde", wie es in der Bibel geschrieben steht. Um es anders auszudrücken: Unsere selbst gemachten Grenzen und Mauern im Gehirn sind eingerissen. Wir ziehen nun in Betracht, dass es andere Informationen gibt, die auf uns energetisch einwirken. Mit diesem Vertrauen und dem Glauben an Informationen sind wir in der geistigen Schöpfung angekommen. Somit ist alles möglich. Jeder Mensch hat die Wahl zu SEINer Freiheit. Er muss nur an sich glauben und Vertrauen haben.

Hier setzen auch die Therapien der Heiler an, deren Methoden eine Vielzahl von Möglichkeiten bietet, um den Hilfesuchenden in Bewegung zu setzen. Da der Mensch individuell ist, finden unterschiedliche Therapiemöglichkeiten ihren Zugang, um die Selbst-

Heilungskräfte zu aktivieren. Über Symbole, Traumdeutung, Bilder, Innehalten, Stille und vieles mehr entwickelt der Mensch ein Bewusstsein dafür. Er erhält Erkenntnisse für ein besseres Leben. Dadurch entwickelt der Mensch wieder den Glauben an sich selbst und die ganze Welt.

Dieser Glaube lässt keinen Zweifel zu, wie auch in der Bibel geschrieben steht: „Glaube versetzt Berge." Viele Menschen sehen hier die Esoterik am Werk und schalten in ihren gelernten Modus: „Das ist Quatsch". Doch Esoterik bedeutet nur, den Blick nach innen zu richten. Schon Aristoteles, ein bekannter griechischer Philosoph und Naturforscher, hat dies seinen Schülern beigebracht.

In der Neuzeit wurde der Begriff Esoterik dem Geheimwissen zugeordnet. Im 20. Jahrhundert taten es einige in der Gesellschaft als „Spinnerei" ab, andere formulierten Esoterik als „eine höhere Stufe der Erkenntnis". Hier liegt es wieder an jedem Einzelnen, ob ich diese oder jene Sichtweise annehme. Lasse ich also meine Vorurteile fallen und öffne ich mich für dieses Wissen oder kann ich mich nicht dazu überwinden, die Angst vor Neuem loszulassen? Auf eins ist jedenfalls Verlass: Der liebe Gott lässt uns die Wahl, um selbst erkennen zu können, um zu lernen.

Was steht also hinter diesem uralten Wissen der Schamanen und Heiler?

Naturvölker haben das Wunder in der Fruchtbarkeit erkannt. Etwas entsteht aus dem Dunkel und gibt Leben, welches nach geraumer Zeit vergeht und stirbt, um wieder vielfältiges Leben zu erschaffen. Mit der gleichen Information wird es wieder auf vielfältige Art entstehen. Es kann sich den Gegebenheiten seiner Umwelt anpassen. Es formt sich und die weiteren Nachkommen, da es Informationen in sich trägt. Es ist die Spirale des Lebens, die uns ständig in Bewegung hält. Meines Erachtens können wir die vielen Puzzle-Teile schon längst zusammenfügen. Lesen sie meine Erkenntnis dazu.

Am Anfang war das Nichts und als Gott sprach, war dies die Existenz der Schöpfung. Durch das Wort Gottes entstand unsere Erde, mit Wasser, Stein und Fels. Diese Verbindung vom Schöpfer beinhaltet die Information des Lebens. Dass Mineralien, Kristalle auch in andere Lebewesen zu finden sind, haben wir schon erörtert. Die Zeit des Wachstums dieser verschiedenen Materien ist nur länger. Menschen verbinden mit Steinen etwas Kostbares, Reines. Schon in der Steinzeit wurden Steine zur Heilung genutzt. Bei den Ur-Völkern ist die Kraft der Steine fester Bestandteil des Glaubens und der Medizin. In Israel beschrieb man schon früh zwölf Grundsteine, die den jeweiligen Tierkreiszeichen zugeordnet wurden und den Willen Gottes deutlich erkennen ließen. Auch Hildegard von Bingen und Konrad von Magdeburg nutzten diese

Heil-Steine im frühen Mittelalter. Dieses Wissen wurde von Generation zu Generation weitergegeben.

Abwegig ist dies nicht. Denn unser Körpersystem braucht genau diese Mineralsalze, die auch in Steinen zu finden sind. Calcium phosphoricum zum Beispiel ist das Salz der Knochen und Zähne – oder Kalium chloratum: das Salz der Schleimhäute. Diese sogenannten Schüßler Salze werden bis heute in der Naturmedizin eingesetzt.

In der Naturmedizin setzt man auch auf Pflanzen und deren Wirkung bei bestimmten Krankheiten. Efeu ist zum Beispiel ein schleimlösendes Mittel bei Atemwegserkrankungen. Baldrian soll eine beruhigende Wirkung besitzen. Viele Möglichkeiten für die Anwendung von Pflanzen sind die Darreichungsformen durch Salben, Tropfen, Tabletten, Düfte. Aber auch die Blüten an sich haben Bedeutung. Ihr Standort des Wachstums, ihre Farbe, ihr ganzer Charakter haben uns Informationen mitzuteilen, die wir zur Selbstheilung nutzen können. Diese Form der Materie, sichtbar als Blume, weist gewisse Energien auf, die Dr. Bach für seine Blütentherapie so beschreibt: „Es sind übergeordnete ideelle Qualitäten – göttliche Eigenschaften oder Tugenden unserer höheren Natur".

Schamanen berichten über die Kräfte der Tiere, diese Bedeutung von Tieren lassen sich ebenfalls in der Therapie einsetzen. Der

Schamane wird mit seiner Trommel den Menschen mit einer Zeitreise in die „Anderswelt" führen und wenn der Mensch dafür offen ist, wird er sein Krafttier vor seinem inneren Auge erkennen. Damit kann seine Psyche gestärkt werden, wenn er die Verbindung vom Tier und dessen Eigenschaften zu sich selbst erkennt. Erinnern Sie sich noch an Ihren Deutschunterricht, als Fabelgeschichten geschrieben und gelesen wurden? Aus den Fabeln im Lesebuch wissen wir, dass Tiere für bestimmte Eigenschaften stehen. Weisheit wurde der Eule zugeschrieben, dem Fuchs die Findigkeit, dem Schmetterling die Transformation etc. All diese Tiere können unserer Psyche Anregungen geben und uns selbst vertrauliche Informationen übermitteln, die wiederum unseren Körper animieren, ins Gleichgewicht zu kommen. Im Deutschunterricht haben wir doch gelernt, die Fabeln mit dem heutigen Leben in Verbindung zu setzen.

Genauso wird das Wissen über die Bäume benutzt, um dem Menschen zu helfen, standfest wie eine Eiche auf der Erde zu stehen. Dieser Vergleich kommt aus der Zeit der Kelten, Germanen und Druiden. Bäume hatten immer schon eine magische Wirkung auf uns Menschen. In unseren Breiten ist die Eiche der sogenannte standfeste Baum. Dieser kann sehr alt werden, trotzt Wind und Wetter und besitzt eine Rinde, deren Aussehen an Leder erinnert. Der Baum bietet Schutz, nicht nur für Menschen, sondern auch für die in und um ihm herum lebenden Tiere. Unsere Ahnen wussten viel über Bäume, weshalb sie sie als Fruchtbarkeitssymbol ansahen. Menschen auf der ganzen Erde bezeichneten Bäume als ihren Lebensbaum, als Heiligen Baum, Yggdrasil oder Weltenbaum. Er war Sinnbild des Mächtigen, des Mysterium und ist Symbol heidnisch-schamanischen Glaubens.

Das Wissen über die Natur wenden Heiler heute noch an, denn das Leben spielt sich seit Urzeiten im Naturkreis der Jahreszeiten ab mit den Ritualen und Bräuchen, die bis zur heutigen Zeit erhalten geblieben sind. Andere Glaubensrichtungen haben ihre Feste daran orientiert, nicht zuletzt, weil sie es der Menschheit nicht verbieten konnten. Dies hat selbst das düstere Mittelalter nicht geschafft. Im Lauf der Zeit haben lediglich – als Folge der Veränderung der Information im Bewusstsein – die Namen der Feste gewechselt. Denken sie an den Tag, wo die Nacht und der Tag zeitlich gleich sind. In der heidnischen Tradition ist es die Frühlingsgleiche, „Ostara" wird bei den Kelten verehrt, „Neulicht" im Iran, im jüdischen das Passahfest und im christlichen das Osterfest. Es werden Feuerbräuche abgehalten, die den Sinn der Erneuerung und Erlösung beinhalten.

Der Mensch war stets instinktiv mit der Natur verbunden. Bis heute gibt es Menschen, die sich berufen fühlen, dieses Wissen der Natur an andere weiterzuvermitteln. Die vielen Heiler werden oft belächelt, weil wir die Sicht auf das Wesentliche im Leben verlernt haben. Menschen suchen nach der Hoffnung, wenn ihnen eine schwere Krankheit oder andere Schicksalsschläge allen Lebensmut nehmen. Unser Selbst handelt in bestimmten Situationen ganz intuitiv, ganz natürlich. Wir suchen Hoffnung, versuchen uns selbst zu finden und beten zu etwas Höherem. Indem wir glauben und vertrauen, werden wir fündig. Sind wir uns der Anderswelt schon bewusst? Verschließen wir nur einfach unsere Augen vor diesem Wunder des Selbst, das uns Kraft gibt, Glauben an uns selbst schenkt und uns ins Gleichgewicht bringt?

Die Möglichkeit der Meditation ist nur ein Mittel, um sich wieder mit sich selbst zu verbinden. Still zu werden und seinem eigenen Atem zu folgen, zu versuchen, die Energie des Körpers zu spüren und zu schauen, was uns im Unterbewussten das Sein vermittelt.

Gläubigen Menschen hilft das Beten, ein Zwiegespräch mit dem Schöpfer und sich selbst. Nicht jeder erhält Visionen, wie sie in der Bibel berichtet werden. In der religiösen Praxis ist diese Form eine Verbindung mit Gott. Es hat schon etwas Geheimnisvolles und Mystisches, wie sich das Bewusstsein durch Beten verstärkt. Priester versuchen durch kontemplatives Leben ihren Geist zu öffnen. Sie glauben an dieses Wunder im Sein, das sich auch in Visionen äußern kann.

Hinter dem Wissen der Schamanen und Heiler steht ebenfalls die Ruhe. Der Mensch muss lernen, die Stille wieder zu akzeptieren, sie auszuhalten. Wir werden Tag und Nacht von Geräuschen, Bildern und Gerüchen bombardiert und werden so von unserer uns innewohnenden Information abgelenkt. Als Christ würde ich sagen: Nicht Gott hat uns verlassen, sondern wir haben ihn verlassen. Die Natur hören und sehen wir nicht mehr. Selbst die Kommunikation unter den Menschen hat sich verändert, weil wir nicht mehr glauben können, dass diese göttliche Energie existiert. Dabei haben wir das Wort von Gott erhalten „und das Wort war Gott...", heißt es in der Bibel. Ich bin! Ist es nicht genau das in uns? Diese Macht der Worte ist enorm. Diese Worte nehmen auch Einfluss auf uns, wie das nachfolgende Beispiel zeigt.

Immer wieder zur Herbstzeit ist die Grippeimpfung ein aktuelles Thema. Menschen fragen sich gegenseitig, ob sie wirklich nötig ist. Doch dies erzeugt in erster Linie Angst, nach dem Motto: Habe ich da was vergessen, bin ich jetzt völlig schutzlos? Unser Gewissen meldet sich und hinterfragt, ob wir uns richtig verhalten, ob wir es brauchen, ob es wirklich Schutz bietet. Schon diese Information sagt dem Körper: Wenn ich es nicht habe, werde ich krank! Mein Gedanke ist dann: „O je, ich habe es nicht, werde ich jetzt auch krank?

Wenn Sie das hier als Mediziner lesen, empfinden Sie die Aussage vielleicht als fahrlässig. Ich möchte Ihnen aber vor Augen führen, was wirklich im Gehirn als Information entsteht. Die Entscheidung liegt bei jedem Menschen selbst. Auch in abgeschwächter Form sind Wörter und Worte bestimmend: Bei uns auf der Arbeit sind schon alle krank! Der korrespondierende Gedanke lautet: Dann ist es wohl nur eine Frage der Zeit, bis ich es auch bekomme! An dieser Stelle ist dem Betroffenen vielleicht gar nicht bewusst, schon in einer Erwartungshaltung zu sein:

Mich hat die Grippe noch nicht erwischt!

An dieser Stelle kommt es sodann auf die individuelle innere Einstellung an.

Bin ich mir ohne Zweifel sicher, gesund zu sein?

Dann greift: Ja, ich kann der Krankheit ausweichen!

Doch wenn ich noch schwanke oder labil bin, gilt:

Was nicht ist, werde ich noch bekommen!

Bemerken Sie die Änderung im Innern? Sie steuert unseren Körper. Eine positive Sichtweise mit der Formulierung „Ich bin gesund!" und der dazugehörigen Einstellung im Innern versetzt Berge.

Diese Worte mit „Ich bin" sind mächtig, sie enthalten die innere Überzeugung.

A C H T U N G.

Es darf kein Hauch eines Zweifels bestehen, dann wird uns die Sprache führen. In negativer Form sind wir uns der Kraft der inneren Einstellung zu uns selbst bewusst:

„ICH BIN... zu dick, ... zu dumm, ... zu langsam..."

Jeder weiß, wie es uns dabei geht. Die Psyche ist mitgenommen, der Körper spürt Niedergeschlagenheit und unser äußeres Erscheinungsbild lässt an jeder Bewegung erkennen, wie schlecht wir uns fühlen. Der Körper versucht unablässig, sich ins Gleichgewicht zu bringen, hat aber keine Energiereserven mehr und vom Gehirn gibt es weitere negative Rückmeldungen. Der Körper möchte uns schützen, ist aber seiner Energiereserven beraubt worden und versucht sein Bestes. Da wir uns nicht ändern, sind wir anfällig für weitere Beschwerden. Jetzt gibt es Befehle auch vom Gehirn, es werden Zwangsmaßnahmen eingeleitet wie in der Natur auch: Der Schwächere wird fortan weniger Energie bekommen. Es stellen sich erste Schmerzen im Körper ein und wenn der Mensch weiterhin nicht auf seinen Körper reagiert, können sie chronisch werden. Lösen wir die Ursache auf, dann spüren wir förmlich die freiwerdenden Energien und blühen auf, wir kommen wieder in unser Gleichgewicht zurück.

Jeder Mensch hat die Wahl: Er darf mit seiner Sicht die Welt bestimmen. Er muss mit seiner geschaffenen Resonanz leben. Ist der Mensch nur darauf aus, schlechte Gedanken zu entwickeln, sich selbst und anderen zu schaden, erntet er Chaos. Das Leben wird schwer und negative Gedanken nehmen überhand. Hochmut, Gier, Neid und Zorn setzen dem Körper zu, weil durch diese Lebensweise dem Sein mit Mauern begegnet wird. Der Mensch wird Gefallen an der egoistischen Machtausübung entwickeln und sich so von seiner Verbindung zur göttlichen Energie abnabeln. Doch nicht Gott verlässt den Menschen, sondern der Mensch verlässt mit solchen Gedanken den Schöpfer und betreibt Raubbau an seinem eigenen Körper. Die Ursache der Krankheit liegt im Geist, der uns Menschen umgibt. Krankheit ist die Abwesenheit von Gesundheit, die immer existiert. Gott schuf den Menschen nach seinem Ebenbild. Er trägt alle Charaktere in sich, deshalb ist er allmächtig. Lassen Sie ihm die weiblichen und männlichen Attribute. Denn GOTT erschuf Mann und Frau. Er sorgte dafür, dass sie einander lieben, ehren und achten. Er bestimmte, dass der Mensch sich erneuern sollte, um das Leben zu lernen. Dieses Gesetz findet in der Natur, im Weltall und in der kleinsten Zelle statt. Es ist wie ein Spiegel, den wir betrachten können. Diese Resonanz, diese göttliche Energie, ist in allem enthalten. In jeder Bewegung – sei es körperlich, geistig, verbal oder rhythmisch – es ist einfach da. Diese göttliche Energie oder Intelligenz in uns setzt Heilung in Gang. **Die Energie fließt und zwar dorthin, wo wir unsere Aufmerksamkeit hinlenken.** Die Seele will ohne Blockaden leben, das ist unser ureigener Instinkt. Wir sehen dies in der Natur mit ihren Gesetzen.

Einige Menschen durften dies durch Therapien erfahren. In Hypnose oder tiefer Meditation erhielten sie Bilder, mit denen die Therapeuten je nach Bedarf arbeiten. Sie zeigen ihnen mit Hilfe des Bildes einen anderen Gedankenansatz, ein anderes Bewusstsein. Diese Therapie geht an die Ursache der Problementwicklung und lässt dadurch den Behandelnden erkennen, welche Möglichkeit die Annahme der anderen Denkweise beinhaltet. Dieser neue Gedanke ist positiver Natur und kann ohne Zweifel geglaubt werden. Dadurch erweckt das Selbst (Körper) seine Heilung und mit dieser Erfahrung geht ein BE-GREIFEN einher, wodurch ein Gefühl der Weite entstehen kann.

Einige Menschen sind schon mit diesem Bewusstsein der Unendlichkeit auf die Welt gekommen und haben im Laufe ihres Lebens eine Information erhalten, mit der sie sich berufen fühlen, die Präsenz zu leben und es auch zu vermitteln. Heiler sind Vermittler dieser Weite. Sie schöpfen aus dieser unermesslichen Energie des All-Einen ihre individuellen Möglichkeiten, damit wir geplagten Menschen uns selbst erkennen, Blockaden lösen und auf diese Weise ein neues Bewusstsein erlernen. Mit dieser Information in uns ändert sich auch unser Lebensstil. Unser Körper ist einzigartig und beinhaltet ungeahnte Kraft, die wir nutzen dürfen. Dies entdecken wir erst hinter unseren begrenzten Systemen. Dort wird einem viel bewusster, was es heißt, mit der Natur im Einklang zu leben. Schöpfen Sie von dieser Kraft, sie steht für jeden bereit.

Alles ist in Bewegung. Es ist nur eine Frage der Zeit, wann Sie, liebe Leser, sich dessen bewusst werden. Die Spirale des Lebens beinhaltet auch die Entdeckung des Ursprungs. Denken Sie an Ihren Körper (das Selbst); er möchte Sie im Gleichgewicht halten. Wenn Sie damit beginnen, sich selbst zu akzeptieren, zu lieben, dann haben Sie auch die Möglichkeit, Vertrauen zu sich selbst zu entwickeln. Der Glaube an sich selbst wird auch den Blick zum Gegenüber verändern. Anderen Menschen mit Freundlichkeit zu begegnen, schafft ein freieres Leben. Denn Liebe ist stärker als jegliche andere Kraft.

Das Prinzip vom Ich und Du, vom Mein und Dein, bei der nur unser EGO-Körper im Fokus gestanden hat, lautet: „Wie komme ich am besten vorwärts?", „Koste es, was es wolle!"

Dies führt nur zu Konflikten, die der Körper nicht ausgleichen will. Dadurch entsteht Krankheit. Die Weltanschauung des Egos hat also keinen inneren Fortschritt gebracht. Eine egoistische Denkrichtung bringt vielleicht kurzzeitige Machtgefühle für den Menschen, doch liebevolle Beziehungen schaffen sie nicht. Kennen Sie, liebe Leser, diese Aussage: „Geld regiert die Welt"? Oder kennen Sie Menschen, die ihr Ziel erreichen wollen und dabei ihre besten Freunde verraten? All diese Machenschaften sind rein egoistischer Natur. Diese Menschen sind nicht zufriedenzustellen, sie suchen nach ihrem Glück und machen sich dadurch unglücklich. Diese Menschen suchen immer noch im Außen nach Liebe und Glück. Es zählt für sie nur Profit. Die lichtvollen Momente werden vom Schatten (dem egoistischen Denken) zerstört. Unweigerlich erzeugt dieses Ego-System den Stress, der wiederum zu Krankheiten führt. Negative Gefühle festigen die selbst erzeugten Probleme. All das müssen wir erleben, um zu erfahren, welches Wissen noch auf uns wartet. Unser menschlicher Körper beherbergt also das Ego-Ich, mit dem uns ein Zugang zur Anderswelt verwehrt bleibt. Erst wenn der Mensch bereit ist, auch andere Denkrichtungen zuzulassen, wird er erkennen.

Jede Erfahrung bringt ein Erkennen mit sich und jede Erkenntnis ist das pure Bewusstsein.

Die Voraussetzung liegt im Bereitsein für Veränderungen an der eigenen Person. Die Intuition ist unsere Hilfestellung dafür, die Information aus dem Unterbewussten zu akzeptieren. Bis wir ein Wissen von dem unendlichen Raum bekommen, in dem uns alle Formen der Energie zur Verfügung stehen, müssen wir bereit sein zu lernen.

Therapeuten, Heiler und Schamanen haben das gelernt und finden Zugang zu diesem unendlichen Wissen über diese Energie. Je nach den individuellen Informationen der Heiler wird diese Energie für uns bereitgestellt. Einigen Hilfesuchenden reicht der verbale Austausch, andere benötigen Bilder des Unterbewussten wie Krafttiere, Engel oder andere Symbole, wieder andere wollen Energie spüren oder Bewusstsein durch Bewegung erlangen.

Eins haben alle gemeinsam: Es wird nicht mehr im Außen gesucht, wir beginnen die Suche im Innern unseres Körpers.

Fassen wir es noch einmal komprimiert zusammen:

Bewusstsein ist, wenn sich das Selbst (Körper = Ich) dem Sein (durch Intuition) bewusst wird.

Wenn das Selbst (Ihr Körper) mit dem Erkennen des (eigenen innewohnenden) Egos bereit ist, dieses abzulegen, dann wird der Mensch sich bewusst, sich dem Sein zuwenden zu können. Somit erhält er intuitive Informationen, die wiederum Bewegung auslösen. Durch diese Bewegung des Geistes erkennt der Mensch (also das Selbst) die Funktion des SEIN, das heißt lebenslanges Lernen. Kurz: Selbstbewusst durch Erleben, Erfahren, Erkennen zu SEIN. Nichts anderes bedeutet Selbst-Bewusst-SEIN.

Es ist dieses SEIN mit dem intuitiven Informationspaket von Wissen im Gehirn, das Bewegungen auslöst, um das Selbst zu aktivieren. Dieses SEIN beinhaltet zusätzlich ureigenes Wissen, das uns Menschen veranlasst zu reagieren. Hier betritt der Mensch seine neugewonnene Ebene des bewussten Seins.

Wenn die Existenz dieser Ur-Information einem Menschen gewahr wird – das heißt, dass er mit allen Sinnen bewusst daran glaubt –, erhält der Körper die Information von der Existenz einer Höheren Präsenz. Der Mensch wird geführt. Diese Führung können wir einfach als gegeben hinnehmen, als Intuition oder Information der Anderswelt.

In dieser Anderswelt ist der unendliche Raum vom Sein, in dem Möglichkeiten der Heilung in Hülle und Fülle zu finden sind, viel Wissen herrscht und das Selbst im Gleichgewicht bleiben kann. Dieses geistige Wissen beinhaltet jede Menge Potenzial, das je nach persönlichem Bedarf vorhanden und abrufbar ist. Diese Welt wird mental individuell betreten. Je nach Zugang zu diesem mentalen Ort ist die Energie anders nutzbar.

Diese Energie gibt Informationen über mythologisches Wissen, Begegnungen durch Träume, aber auch zu Engeln und Heiligen, die wir aus Religionen zu kennen glauben. Es entstehen noch nie zuvor bewusst gesehene Bilder, Lichtwesen, Symbole oder die Energien der Bachblüten, Steine oder Düfte, um nur einige zu benennen.

Ist das Vertrauen zu diesem Raum der Selbstheilungsenergien erst einmal vorhanden, können Körper (Selbst), Geist (Bewusst) und Seele (Sein) eine Einheit bilden. Mit dieser Verschmelzung existiert anschließend das Absolute, das Allumfassende, das Ewige Sein.

Im „Ewigen Sein"-Zustand ist nichts vorhanden und doch alles da. Jetzt haben wir ein Gefühl vom Schweben im Unendlichen und der Gewissheit, von einer nicht sichtbaren Person gehalten zu werden. Durch die Verschmelzung ist diese Energie vollkommen in uns und mit uns verbunden. Wir sind behütet und beschützt. Wie ein unsichtbares Gravitationsfeld die Erde umspannt, sind wir mit dieser Energie erfüllt. In diesem Zustand, in dem Licht und Materie eins sind, wird dem Mensch bewusst, dass alles miteinander verbunden ist. Dies ist die Absolute Erkenntnis des Allumfassenden Seins. Doch bislang haben nur wenige Menschen bekanntgegeben, die Gnade der Schöpfung erhalten zu haben.

Ist man sich diesem Zustand des Absoluten gewahr – das heißt durch Erleben und Erkennen zum Wissenden zu werden –, dann fließt nach meiner Ansicht göttliche Energie. Es ist die vollkommene Schöpfung und alles möglich. Einfach gesagt: „Es ist WUNDERvoll." Hier wird jedem das Licht bewusst, das jedem Individuum innewohnt. Dieser göttliche Funke ist die Gewissheit von der Existenz des ICH BIN im (Körper-)Selbst. Wenn der Mensch in dieser göttlichen Energie steht, hat er das Gefühl, dass der Schöpfer selbst durch die Augen auf seine von ihm geschaffene Welt schaut.

Und damit ist die Geschichte vom Anfang dieses Buches real. Erinnern Sie sich? Die Götter wollten ihr Wissen vor uns verbergen und versteckten es im Menschen. Wenn Ihr Sein noch nie die Information über das innewohnende Göttliche erfahren hat, wird es für Sie schwer verständlich sein.

Der Mensch braucht Zeit. Das heißt, das Gehirn braucht auch hier

Zeit, sich selbst zu entdecken. Das Gehirn ist von uns so geprägt, die Informationen in Ordnungssysteme zu integrieren. Dieses neue Wissen passt nicht in die vorhandenen „Schubladen". Der Mensch hat erneut die Wahl, das Wissen zu ignorieren, damit nichts im Gehirn durcheinanderkommt, oder das Wissen anzunehmen und verwirrt zu sein über dieses Erlebnis. Die Irritation wird solange anhalten, bis das Gehirn eine Ordnung gefunden hat, um die Neuinformation abzuspeichern. Wir haben dadurch Erkenntnis gewonnen. Ist diese Eingebung, diese neue Information präsent, wird sie nicht mehr ignoriert. Stattdessen wird man in Bewegung versetzt, um Antworten zu finden – und zwar so lange, bis der Mensch keine Zweifel mehr hegt und diese Existenz der höheren Dimension akzeptiert. Je nach dem Ausmaß des Erlebten und dessen Erkenntnisgewinn fühlt sich der Mensch dazu berufen, nach seinem neuen Bewusstsein von Körper (Selbst), Geist (Bewusst), Seele (Sein) und dem Wissen einer vorhandenen Kraft der Anderswelt zu leben.

Diese Intuition liegt in jedem Lebewesen. Sie ist naturgegeben und führt uns durch unser ganzes Leben. Die Entscheidung zu diesem Bewusstsein kann nur der Mensch allein treffen. Er hat die Wahl, die Bewegung anzunehmen oder abzulehnen. Wollen Sie diese Existenz für sich entdecken, fangen Sie mit der Achtsamkeit auf ihren Körper an. Schauen Sie bewusst im Außen, um das Innere zu entdecken. Sie können sofort damit beginnen.

8. Achtsam gegenüber sich SELBST verändert die Welt

Achtsamkeit ist eine besondere Qualität des menschlichen BewusstSEINs, ein klarer Bewusstseinszustand (ICH BIN), der es erlaubt, jede innere und äußere Erfahrung im gegenwertigen Moment vorurteilsfrei wahrzunehmen und zuzulassen. In der Folge sind unbewusste Reaktionen auf gegenwärtige zu reduzieren.

Seien wir doch einzigartige Geschöpfe, ausgestattet mit einer enormen Energie für wundervolle Begebenheiten. Lernen Sie sich dadurch besser kennen und lieben, ganz nach dem Bibelmotto „Liebe deinen Nächsten wie dich selbst." Handeln wir danach! Üben wir, achtsam zu sein und vergeben Sie sich, wenn nicht gleich alles klappt. Schließlich müssen wir unser Handeln erst wieder erlernen.

„Gott vergib ihnen, denn sie wissen nicht, was sie tun!" Dies hat Jesus gesagt, kurz bevor er starb. Wir können uns sicher sein, dass uns verziehen wird. Wir brauchen keine Angst vor diesem einzigartigen Bewusstsein zu haben. Lassen Sie es also zu, dass sich dieses Wunder in Ihnen entfaltet. Schauen Sie über den Tellerrand, lassen Sie andere Möglichkeiten zu und reißen Sie Ihre ersten Mauern ein, um ihr SEIN zum Leuchten zu bringen. Probieren Sie es aus, verändern Sie Ihren Blickwinkel.

Ich zeige Ihnen jetzt eine Möglichkeit auf, wie Sie im Alltag ihr Bewusstsein schulen können.

BewusstSEINs-Schulung

Die folgenden Abschnitte sind für Sie zusammengestellt, um während eines ganz normalen Tages an sich zu arbeiten. Vor dem Einschlafen am Abend sollten Sie sich rückblickend fragen, wo Sie ihre Übung am Tag haben einsetzen können. Denken Sie darüber nach, anschließend bedanken Sie sich für diese schönen Erlebnisse und schlafen erfreut ein. Sie können auch ein Tagebuch führen. Dann schreiben Sie Ihre Gedanken zum Tag auf und können so immer wieder nachlesen, welchen Fortschritt Sie gemacht haben. In erster Linie aber tun Sie es gern und mit Freude für sich selbst, ohne dabei Stress zu empfinden.

Denken Sie daran, dass noch kein Meister vom Himmel gefallen ist. Geben Sie sich für die jeweiligen Abschnitte Zeit, planen Sie ruhig ein paar Wochen dafür ein, damit Sie sich Ihrer Handlungen bewusst werden. Ich kann Ihnen versichern, dass es Situationen geben wird, die Sie nicht unter Kontrolle haben, in denen Sie nicht daran denken, was Sie eigentlich tun wollten, und Ihre Handlung entsprechend nur Ihrem Ego dient.

Geben Sie nicht auf, an das Gute in Ihnen zu glauben, profitieren Sie von Ihrem inneren Schatz. Für diese Übungen brauchen Sie weder Geld noch Material, nur Ihr Bewusstsein.

1. Übung = <u>Schenken Sie sich einen A u g e n - B l i c k</u>

(Innehalten, still werden, mit der Natur und der eigenen Seele in Kontakt treten.)

Den Moment achten, ohne ihn zu bewerten, auf das konzentrieren, was ist. Im Hier und Jetzt leben und versuchen, schöne Dinge im Alltag aufzuspüren, zu hören, zu sehen.

Genießen Sie ihre Pausen und schenken Sie sich Augen-Blicke. Sie werden staunen, was Sie plötzlich bewusst anschauen, welche Dinge Sie wahrnehmen. Ich sage Ihnen, Sie werden eine positive Lebenseinstellung gewinnen. Augen-Blicke machen zufriedener, glücklicher, vollkommener. Sie können dies noch verstärken, indem sie während des Augen-Blicks bewusst einatmen. Wenn Ihnen zum Beispiel eine schöne Blume in der Natur ins Auge springt, halten Sie inne, konzentrieren Sie sich auf sie und beobachten Ihr Gefühl dazu. Nun atmen Sie einmal tief ein, bis sich die Bauchdecke hebt, um dann das augenblickliche Bild mit ihrer Emotion bewusst im Gehirn zu speichern.

2. Übung = Schaffen Sie positive Resonanzen

(Wie es in den Wald hineinschallt, so kommt es wieder heraus.)

Mit der ersten Aufgabe haben Sie sich einen Blick für schöne Begegnungen mit Menschen, Dingen, Pflanzen und Tieren verschafft. Es ist Ihnen eventuell aufgefallen, dass jedes Mal ein positives Gefühl in Ihrem Körper hervorgerufen worden ist. Für ihre Blicke waren nur Sie selbst verantwortlich.

Bei dieser Aufgabe sollen Sie den Augen-Blick gezielt auf die Handlung legen. Alles, was Sie beginnen, versuchen Sie, positiv zu tun – egal, ob die Handlung nur Ihnen gilt, Ihren Mitmenschen oder eine Gruppe betrifft. Legen Sie gezielt fest, das eigene Handeln und Denken mit freudiger Erwartung auszufüllen. Seien Sie spontan dabei, wenn Sie möchten. Fällt es in manchen Situationen schwer, sich positiver zu verhalten, nutzen Sie ihre erlernte Atmung. Stellen Sie sich ein gutes Gefühl vor oder rufen Sie sich ein Bild des Augen-Blickes ins Gedächtnis. Atmen Sie wieder bewusst bis in den Bauch ein und spüren beim Ausatmen, wie Ihr Körper sich entspannen kann. Schon bald werden Sie merken, wie Ihre glückliche, zufriedene Art auf die Menschen überschwappt. Zu Beginn ist die Resonanz vielleicht ein zaghaftes Lächeln, seien Sie dankbar dafür. Um eine größere Resonanz zu schaffen, muss sich Ihr Körper erst umstellen. Wenn Sie weiterhin üben, wird sich Ihr Umfeld ebenfalls verändern und Sie ziehen positive Dinge förmlich an. Ihre Mitmenschen werden Ihre Veränderung wahrnehmen. Gönnen Sie sich eine Auszeit in der Natur, damit Sie bewusst Ihre Freude mit der Natur erleben.

3. Übung = Verändern Sie die Welt

(sich erlauben, seiner eigenen Seele zu begegnen.)

Mit ihren positiven Resonanzen können Sie die Welt positiver machen. Ist Ihnen bewusst, dass Sie sich schon von Vorurteilen getrennt haben? Sie treten sich und der Welt unvoreingenommen gegenüber und vertrauen auf Ihre eigene innere positive Kraft. Zweifel und Unsicherheit sind Barrieren und werden für nichtig erklärt. Denn Sie sind sich bewusst: „Ich kann die Welt verändern!" Durch glückliche und zufriedene Momente gewinnen Sie für sich mehr Lebensqualität. Sie können in Ihr tiefes Inneres schauen und erkennen, dass sich jede Bewegung der Gefühle auf die Körperbewegung auswirkt. Interessant wird es, wenn Sie selbst merken, dass Ihr jeweiliger Ausdruck auf andere abfärbt – beispielsweise sich zu freuen, gereizt, glücklich oder traurig zu sein, ...). Üben Sie gezielt, Freude zu verbreiten, lachen Sie viel, tanzen Sie, wenn Ihnen danach ist. Seien Sie immer mehr Sie selbst. Arbeit und Lernen gehört zum Leben dazu, genießen Sie jeden Augenblick. Ihre Aufgabe ist es zu beobachten, wie Sie Menschen mit Ihrer Freude mitziehen. Sie selbst werden Ihren Alltag viel leichter bewältigen. Es schafft glückliche und zufriedene Momente, in denen Sie für sich an Lebensqualität gewinnen. Lächeln Sie, das schafft, große Distanzen zu beseitigen. Lenken Sie Ihre Energie auf die Absicht, ein geselliger, friedvoller und hilfsbereiter Mensch zu sein. Ihre Empathie zu anderen Menschen wird jetzt zunehmen.

4. Übung = <u>Bleiben Sie sich selbst bewusst</u>

(Mit der Seele in Harmonie bleiben.)

Ist es nicht herrlich, wie Sie sich SELBST eine angenehmere Art zu leben geschaffen haben, wie Sie schöne, erfreuliche Begebenheiten förmlich anziehen, allen Dingen im Alltag positiv mit einem guten Gefühl entgegentreten, auch wenn Konfliktsituationen da sind? Folgen Sie weiter Ihrem guten Gefühl und lassen Sie sich nicht beirren. Andere Menschen neiden Ihnen vielleicht Ihr neues Bewusst-Sein, wollen ihre eigene negative Lebensweise rechtfertigen und Ihnen mitteilen, wie schlecht das Leben ihnen mitspielt. Diese Menschen haben sich noch nicht selbst erkannt und wissen nicht, was sie tun. Helfen Sie ihnen bei der Suche nach sich SELBST. Zeigen Sie, wie Sie sich SELBST gefunden haben. Handeln Sie positiv, versprühen Sie Freude und zeigen Sie, dass freudige Erwartungen einer Handlung das Leben (auch in schwierigen Situationen) grundlegend erleichtern. Verschenken Sie Glück.

Nehmen Sie es diesen Menschen nicht übel, versuchen Sie Ihnen so positiv wie möglich zu begegnen. Diese Aufgabe wird vielleicht die schwerste werden.

Sie lernen, den Menschen aus einem anderen Blickwinkel anzuschauen. Vielleicht erkennen Sie sogar sein wahres Selbst. Hier gibt es die meisten Konflikte zu bewältigen, da es Menschen gibt, deren negative Natur es ist, sich selbst und andere herunterzuziehen, also in eine negative Weltansicht zu drücken. Denken Sie an die Schöpfung der Natur: Jeder ist wichtig, richtig und gewollt. Sie dürfen ihr Selbst-Bewusst-Sein leben, das ist unsere ureigene Intuition. Kämpfen Sie nicht gegen Ihren Körper, der möchte im Gleichgewicht bleiben. Sie dürfen auch NEIN sagen. Atmen Sie tief durch und bleiben Sie gelassen. Jeder Mensch hat die Wahl, dieses Wissen anzunehmen oder dagegen anzukämpfen. Vielleicht bemerken Sie auch, dass ihre Veränderung andere Menschen anzieht, Sie einen größeren Freundeskreis erwerben oder Sie sich für neue Dinge interessieren. Es ist gewollt, tun Sie es, hören Sie auf Ihre innere Stimme und lassen Sie sich Ihre neugewonnene Energie entfalten: nicht mehr von Gedankenströmen „auffressen" lassen, sondern Beruhigung und Stabilisierung des Geistes schaffen.

5. Übung = Erkennen Sie Ihre Intuition

(Glauben Sie an Ihre innere Führung.)

Hatten Sie die Kraft, sich gegen negative Meinungen und Sichtweisen zu wehren und ein positives Weltbild zu erschaffen? Die vielen gesellschaftlich vorgelebten Glaubenssätze sind manchmal nicht nur kleine Mauern, sondern Berge, die nur mit viel Kraft überwunden werden können. Wir leben nun einmal mit der Natur und ihren Widrigkeiten. Es ist ein Geben und Nehmen. Wer hat recht? Wer hat Unrecht? Diese Dualität heißt es zu erkennen und Ihren Einklang zu suchen. Versuchen Sie, diplomatisch zu sein, aber stellen Sie keinen Eigennutz in den Vordergrund. Bleiben Sie gelassen bei Begebenheiten, die Sie nicht ändern können und erlauben Sie sich den Mut, Veränderungen voranzutreiben, wenn Sie erkennen, dass dies nötig ist. Erkennen Sie das Positive der Begebenheiten und lernen Sie daraus. Hören Sie bei Ihren Erlebnissen auf den eigenen inneren Instinkt, denn die Gefühle können uns Informationen liefern. Nicht umsonst wird gesagt: „Hör auf dein Bauchgefühl!" Dein Körper sagt dir, was gut für dich ist.

6. Übung = Lebe Dein Talent

(Vertrauen Sie sich selbst.)

Erkennen Sie Ihre selbst gesteckten Grenzen und finden Sie Zugang zu Ihren eigenen Ressourcen.

Haben Sie Ihre innere Stimme erkannt, Ihr Bauchgefühl oder Ihr Sein? Üben Sie weiter. Alles hat seine Zeit, Tag und Nacht, von Generation zu Generation, jeder Mensch besitzt seine ureigene Aufgabe, sein Talent, das er zum Wohl der Menschheit einsetzen soll. Auch hier begegnen wir Konfliktpotenzial. Denken Sie daran, dass Ihre Vorlieben nicht dieselben sind wie die Ihres Gegenübers. Beziehungsprobleme beruhen oft darauf, ebenso Konflikte im Beruf und Familie. Selbst mit unseren eigenen Gedanken stehen wir ab und an im Konflikt, deshalb sprechen Sie über Wünsche und finden Sie Kompromisse, lernen Sie zu akzeptieren. Halten Sie nicht an unnützen Dingen fest, lassen Sie das Leben fließen. „Liebe deinen Nächsten, wie dich selbst."

Lieben Sie sich?

Fragen Sie sich selbst: „Wie möchte ich behandelt werden?" Dann verstehen Sie, wie sich der andere fühlt! „Spricht gar ein Spiegelbild zu mir?" Oft erkennen wir nicht, dass der Grund des Konfliktes unsere eigenen Denkmuster sind. Was ist mir selbst wirklich wichtig? Beruht es nur darauf, recht zu haben, Macht auszuüben, Ruhm zu besitzen, dann müssen Sie diesen Berg noch bezwingen, um an ihr inneres Potenzial zu gelangen.

„Wie soll ich meine Grenzen überwinden?" Keine Sorge: In Ihrem

Alltag werden Informationen auftauchen, die Sie dafür nutzen können. Sie müssen jetzt nur achtsamer sein. Wenn Ihnen Begebenheiten, Worte, Bilder oder Personen einige Male in gleicher Form begegnen, sollten Sie nach dem dritten Mal doch hellhörig werden. Vielleicht hat diese Information Ihnen etwas zu sagen! Zwischenmenschliche Beziehungen (privat, beruflich, gesellschaftlich) fördern Ihr schöpferisches Potenzial. Je harmonischer das Leben ist, desto erfüllter wird Ihre Seele.

7. Übung = Der Anderswelt begegnen

(Dem inneren Wissen auf der Spur.)

Ihr Leben sollte sich zum Positiven gewendet haben. Denken Sie nach und blicken Sie in die Vergangenheit und wieder in die Zukunft. Was hat sich verändert?

Schreiben Sie es gerne auf. Dann wird es Ihnen oft erst bewusst, weil Sie den Gedanken anschauen können.

Welche Stationen des Lebens sind Ihnen spontan eingefallen?

Fühlt es sich an, als ob unsichtbare Kräfte Sie zum Hier und Jetzt gebracht haben?

Welche Stationen des Lebens wollten Sie schon früher auf ihre innewohnende Energie aufmerksam machen?

Können Sie erkennen, was Sie erst haben durchleben müssen, um dieses Bewusstsein zu entwickeln?

Achten Sie auf Begegnungen, Worte und Situationen. Sie können Ihnen behilflich sein, Ihnen etwas sagen, Informationen liefern, um noch mehr zu erkennen. Seien Sie offen für die Faszination, das Wunder der Natur. Wenn Ihnen Dinge widerfahren, bei denen ihr Bauchgefühl weiß, dass es nicht gut ist, sagen Sie NEIN. Jeder Mensch ist für sich SELBST verantwortlich und darf frei entscheiden, glücklich zu sein.

Können Sie schon glauben?

Haben Sie Vertrauen im Leben?

Spüren Sie die unendliche Energie, die hinter allem steckt?

Diese Bewusst-Seins-Schulung hat Ihnen Ihr inneres Potenzial gezeigt und Ihr Leben positiv verändert. Sie haben durch diese Informationen über die Aufgaben Ihren Geist auf die innere Selbsterkennung gelenkt und kraft Ihrer Gedanken eine Änderung herbeigeführt. Ihr Herzenzwunsch nach Friede, Harmonie und Einklang sollte Sie beziehungsweise Ihre Seele berührt haben. Ich kann Ihnen versichern, dass die Suche noch weitergehen wird. Es gibt ein höheres Bewusstsein, das alle Menschen erreichen können und in denen Wunder warten.

9. Lehre aus der inneren Bewegung

Wenn Sie die Übungen aus Kapitel 8 ausgeführt haben, werden Sie verstehen, wie wichtig das eigene Vertrauen in dieser Welt ist: der Glaube an sich SELBST, es immer wieder zu versuchen, die Augen-Blicke zu nutzen, sich im Gegenüber zu erkennen, als würden Sie ihr eigenes Spiegelbild betrachten, wie wir verschieden sind und doch alle gleich. Dieser Lernprozess ist in die Spirale des Lebens integriert. Es ist der ewige Kreislauf oder die Lehre der Bewegung, die uns eine höhere Instanz erkennen lässt. Genau dies ist unser Ziel der Menschheit, ein BewusstSEIN zu schaffen und durch Vertrauen den Glauben zu entwickeln, das Allmächtige in der eigenen Person zu entdecken und seinen Körper, Geist und Seele im Einklang zu finden. Das bedeutet auch zu lernen, dass wir Schöpfer dieser Natur sind und nicht Zerstörer. Dein Körper weiß mehr, als du denkst.

Mein ganzes Leben lang war ich auf der Suche. Erst mit meiner Ausbildung zur Kinesiologin habe ich die Lehre der Bewegung verstanden. Sie beruht keinesfalls nur auf der sportlichen Betätigung. Damit möchte ich nicht sagen, dass Sport nicht wichtig wäre. Doch um zu erkennen, wer der Mensch wirklich ist, bedarf es der Gesamtheit allen Wissens. Die Bewegungen im Menschen sind körperlicher, geistiger und energetischer Natur. Das Gehirn ist unser Empfänger für Informationen und gleichzeitig auch Sender. Denken Sie noch einmal an die Eizelle, die alle Informationen in sich trägt.

Am Anfang weiß die menschliche Eizelle. Sie muss sich teilen und es entsteht zunächst das zentrale Nervensystem (ZNS), also das Gehirn mit der Wirbelsäule S sowie deren Nervensträngen und Blutbahnen. Dies alles ist im Ultraschall schon nach ein paar Wochen zu sehen. Danach bilden sich Arme und Beine sowie die Organe und die Stoffwechselfunktion aus, die den menschlichen Körper erweitern.

Das geschieht alles scheinbar von ganz allein. Wie von Zauberhand weiß jede Körperzelle, was zu tun ist. Jede Information ist schon immer in uns enthalten. Wir nennen es schlicht evolutionsbedingt. Bei allen Lebewesen läuft dies auf dieselbe Weise ab. Aus dem Dunkel des Mutterleibs heraus ist der entstandene Körper, also das Selbst, in der Welt vorhanden. Diese instinktive Information ist vor der Entstehung des Lebewesens genauso vorhanden wie nach der Geburt des Körpers, seinem Selbst.

KINESIS ist griechisch und heißt Bewegung.

Diese Bewegung ist unser Leben. Mit den Informationen, die wir durch unsere Sinnesorgane erhalten, Orientiert sich unser Gehirn. Es Organisiert neue Bewegungen für unser Selbst.

LOGOS ist griechisch und heißt Lehre oder Studium.

Kinesiologie ist also die Lehre der Bewegung. Alle Informationen, die wir erhalten, werden im Gehirn abgespeichert. Wir schulen uns in dieser Informationsbewegung. Seit unserer Zeit im Mutterleib sind wir über das Gehirn und die Nerven mit unseren Muskeln und dem gesamten Körper verbunden. Das macht unsere Existenz, unser Sein aus. Unser Gehirn steuert über die Information unsere Muskeln, was wir oft in bewusste Bewegung umsetzen. Die Atmung und der Stoffwechsel sind unbewusste Bewegungen. Doch alles ist mit unserem Gehirn, „der Schaltzentrale", verbunden. Zum Beispiel, wenn wir unsere Oberarmmuskeln „spielen lassen" wollen, gibt das Gehirn zuerst das Signal dafür, damit die Muskulatur in Bewegung kommt. Hängt der Arm herunter und an der Hand ist ein Eimer voll Wasser, scheint der Oberarm schlank. Heben wir den Unterarm in einen Winkel von 90 Grad zu unserem Oberarm an, formt sich der Bizeps (Oberarmmuskel) zu einem Berg. Weil die Muskulatur eine Verbindung zum Gehirn hat, ist auch die Muskulatur zu testen, um aus unterbewussten Bewegungen Antworten über unseren eigenen Körper, unser eigenes Selbst, zu bekommen.

Die Möglichkeit, einen Muskel zu testen und Antworten aus dem Gehirn zu erhalten, entdeckten die Begründer der Kinesiologie, die diesbezüglich das Wissen über die uralte östliche Heilweise mit in ihre Arbeit integrierten. Grundlage sind die Meridiane, die den Körper durchziehen, einzelnen Organen zugeordnet sind und unser Wohlbefinden steuern. Bei der Weiterentwicklung der Kinesiologie wurde das Wissen der Psychologie mit einbezogen. Noch heute entstehen viele Bereiche, die den Menschen in seiner Entwicklung unterstützen können. Die Informationen aus uralten Heilmethoden und das Anerkennen anderer Energien wirken ebenso informativ auf unseren Körper und stehen uns nutzbringend zur Verfügung. Was Wörter in unserer Psyche bewirken und wie sie Bewegung in unser Bewusstsein bringen, ist auch abhängig vom Vertrauen zu uns selbst.

Durch Kinesiologie können wir mit unserem Körper kommunizieren, indem wir den Muskeltest nutzen, um Informationen des Körper-Selbst zu bekommen. Hier steht die Erkenntnis im Vordergrund, dass es der Körper anstrebt, immer ins Gleichgewicht zu gelangen. Dies ist auch der Schwerpunkt der kinesiologischen Arbeit. Herauszufinden, wo sich der Körper gerade befindet und wie er sich mit welchen Bewegungen wieder wohlfühlen kann, testet der Kinesiologe in einer Balance. Da sind nicht nur ein erkrankter Arm, die symptomatischen Schulterbeschwerden oder Rückenprobleme, auch Konflikte mit Personen können Stress erzeugen und sind zu balancieren. Herauszufinden, wo genau der Stress seine Ursache im Körper hat, kann mittels Muskeltest aufdecken, an welchem Problem der Mensch arbeiten soll, welche Mauern er überwinden muss. Das Motto wäre dann: „Problem erkannt, Gefahr gebannt!" Die Ursache des Unwohlseins kann mit Bewegung eine Veränderung im Gehirn bewirken und auch eine Veränderung des Bewusstseins – vorausgesetzt, der Mensch will eine Veränderung!

Insgesamt betrachtet ist der Mensch nicht nur Materie aus Haut und Knochen, Muskeln, Sehnen, Nerven und Stoffwechsel. Er ist ebenso verbunden mit dem Innen und Außen. Wir sind ein Teil der Natur und ihrem Gesetz. In der Spirale des Lebens ist die Information gespeichert von der Schöpfung in uns. Zumindest ist dies meine Erkenntnis. Wir müssen nur unsere Blockaden lösen, damit wir dies erkennen können. Diese Möglichkeit sieht auch die

Kinesiologie. Durch den Muskeltest erhalten wir eine Rückmeldung über die gespeicherten Informationen in den Muskeln, Zellen und Atomen.

Die angewandte Kinesiologie umfasst ein weites Spektrum an Themenfeldern mit vielfältigen unterschiedlichen Ansätzen, die für die persönliche oder berufliche Weiterbildung nutzbar sind. Der Tester selbst ist neutral, damit er nicht vorab irgendwelche Informationen in den Muskeltest legt. Denn Sie wissen ja, dass wir auch im Geist mit allem verbunden sind. Erzählt der Muskel von einer Stresssituation, dann befinden wir uns nicht im Gleichgewicht. Er wird uns verraten, was er dringend benötigt, um das Selbst, also den Körper, zu aktivieren. Nimmt der Klient diese Information an, kann er eine andere Erkenntnis erlangen. Damit ist sein Bewusstsein erweitert. Durch die Information entwickelt er ein anderes Gefühl, das den Körper zur Selbstheilung aktiviert. Je nachdem, wie lange dieses Ungleichgewicht bestanden hat, wird der Körper tägliche Rückmeldung brauchen, indem der Klient diese Bewegung zu Hause für ein paar Minuten nacharbeitet. Schließlich braucht das Gehirn Zeit, sich auf die neue, die andere Information einzustellen. Nach ein paar Tagen hat sich das Gehirn umgestellt und das Selbst ist im Gleichgewicht. Da wir als Tester nicht vorhersehen können, wie verbunden die einzelnen Informationen sind, wird uns der Muskeltest gegebenenfalls neue Blockaden finden lassen, die wir lösen können.

Bei der eigentlichen Konfliktbewältigung muss der Klient dann selbst mitwirken. Manchmal braucht er auch Mut dazu, wenn die Informationen, die er erhält, mit bestimmten Entscheidungen zu tun haben, die seinen Frust in beruflicher oder privater Hinsicht zu lösen vermögen. Hier wird der Körper selbst einen Weg finden, sich zu arrangieren und sich wohlzufühlen. Der Klient wird auf jeden Fall mit einem positiven Gefühl die Balance beenden.

Frei sein ohne Stress bedeutet Selbst-Bewusst-Sein.

Der Klient erlangt nicht nur seine Beweglichkeit zurück, sondern erhält auch ein höheres Bewusst-Sein, während seine körperlichen, seelischen oder geistigen Konflikte gelöst werden. Er lernt, sich durch den Körper beziehungsweise das Selbst immer mehr kennen und entdeckt – vielleicht über Bilder der Anderswelt – sein höheres Bewusstsein, das die Verschmelzung von Körper, Geist und Seele beinhaltet.

Es gibt Menschen, die diese Verschmelzung schon von Geburt an in sich tragen, aber nicht wissen, was sie damit anfangen sollen. Diese Menschen sind irritiert, sie können sich nicht recht in die Gesellschaft einfügen und fühlen sich überflüssig oder fehl am Platz. Da unsere Gesellschaft nicht die Existenz des SEINs lebt, werden sie auch nicht die Orientierung finden, die sie benötigen, um sich zu identifizieren. Diese Menschen fühlen sich anders als diejenigen in der gesellschaftlichen Norm. Sie nehmen Dinge ganz anders wahr, erhalten über ihre körperlichen Sinne Nuancen, die andere gar nicht wahrnehmen können. Das reicht vom Hellsehen bis zum Hellhören oder -fühlen, was in unserer Gesellschaft allerdings als Spinnerei abgetan wird. Hochsensitive oder auch hochsensible Menschen sind sich dessen oft nicht bewusst und fühlen sich ausgegrenzt. Sie können ihr eigentliches Selbst nicht entfalten, wissen aber nicht, woran das liegt. Lösen Sie ihre gemachten Glaubenssätze, ist dieses bedrückende Gefühl im Körper behoben und sie werden sich selbst erkennen. Mit dieser Erkenntnis, dem entsprechenden Gewahr-Sein und dem absoluten Wissen werden sie sich berufen fühlen, ihrer innewohnenden Information nachzugehen. Ihr innerer Auftrag ist verbunden mit dem sozialen Engagement, dem Mensch sein Bewusst-Sein zu zeigen. Er fühlt sich erst verstanden, wenn er erkannt hat, dass seine Berufung mit der Hilfe für andere Menschen verbunden ist.

Vielleicht entdecken Sie, liebe Leser, auch noch ein ganz anderes Licht in sich, welches die Information von der Verschmelzung von Körper, Geist und Seele beinhaltet.

Den Auftrag, das Wunder der Natur zu entdecken, haben alle Lebewesen in sich. Beginnen Sie, sich von errichteten Mauern zu trennen und entfalten Sie Ihre göttliche Gabe. Werden Sie sich Ihrem ICH BIN bewusst und lassen Sie sich mit dieser göttlichen Energie führen. Seien Sie kreativ, liebevoll und fühlen Sie sich mit allem verbunden, leben Sie mit der Schöpfung im Einklang. Betrachten Sie Ihr Leben neu und finden Sie den Ursprung Ihrer Lebensspirale. Finden Sie Ihr Allmächtiges SEIN.

Erkennen Sie es und lassen Sie es zu:

„IHR KÖRPER WEIß MEHR, ALS SIE DENKEN."

Ich weiß es schon – Sie auch?

Die unendliche Weite,

der energiegefüllte „Raum",

liegt nicht hinter uns,

nicht vor uns,

sondern im bewussten SEIN.

Elke Grove

10. Danksagung

Ein herzliches Dankeschön gilt allen Menschen, die mir in meinem Leben begegnet sind. Sie alle haben mir Informationen für mein Leben gegeben, das ich heute viel intensiver wahrnehmen darf. Ich habe meine Berufung gefunden und kann ihnen allen mitteilen, dass sie ihren eigenen innewohnenden Lebensweg entdecken werden.

Dieser Informationsweg ist in jedem Menschen enthalten und bringt ungeahnte Energien zum Vorschein, mit denen Sie nie gerechnet hätten. Sie müssen nur bereit sein, andere Möglichkeiten außerhalb der Norm zuzulassen. Dann eröffnet sich Ihnen eine ungeahnte Energiequelle. Für mich ist es nach wie vor die göttliche Energie, die mich zu dieser Berufung geführt hat. Sie können diese Energie auch Naturfrequenz, das All- Eine oder einfach als das SEIN bezeichnen. Jeder kann dieses positive Bewusst-Sein leben und damit auch seine Welt verbessern.

Leben Sie im Einklang mit Ihrer Seele, dann führt Sie der Weg bewusst zum SEIN.

Ein besonderer Dank gilt Matthias Weber als Ausbilder der Kinesiologen und allen Teilnehmern, die dazugehören. Mit den erlernten Methoden und praktischen Techniken wurden mir durch Lösung der vorhandenen Glaubenssätze eigene, mir innewohnende Potenziale eröffnet. Mein Wunsch, mehr über die göttliche Energie zu erfahren und damit mein BewusstSEIN auf einer Stufe der Schöpfungsebene zu erlangen, hat sich erfüllt.

Dank an den Schirner Verlag, zur Abschrift der Geschichte „Die Weisheit" von Sandy Taikyu Kuhn Shimu. Es lohnt sich die Zen Geschichten zu lesen, sie sprechen den Körper, Geist und Seele in kraftvoller Form an.

Für das redigieren meiner Zeilen hat Frau Dr. Maria Zaffarana aus einem Haufen von Worten eine Einheit geformt. Sie hat es ge-schafft meine eigene sprachliche Identität zu wahren und trotz al-lem einen lesbaren Text zu zaubern.

Ebenso danke ich meiner Schwester Jutta, die oft das Skript gelesen hat. Eine liebevolle Umarmung sende ich an meine Familie, die mich immer unterstützt – sei es durch Üben der Methoden während der Ausbildung, die vielen Gespräche oder einfach nur die Gewissheit, immer füreinander da zu SEIN.

Bei Interesse nachzulesen:

Lindinger Manfred, „Die Jagd nach Einsteins Gravitationswellen" Frankfurter Allgemeine Zeitung / Rubrik: Wissen – Physik Nobelpreis - 3.10.2017

www.biotechlerncenter.interpharma.ch Rubrik: Gentechnik – 27.09.2017, Informationsmaterial aus der modernen biologischen und medizinischen Forschung für Schüler/innen und Lehrpersonal.

Taikyn Kuhn Shimu Sandy „Im Schatten der Kiefer", inspirierende Zen-Geschichten für Körper & Geist 1. Auflage, Sept. 2016 / Schirner Verlag, ISBN 978-3-8434-1264-3

„Bibel" – Pattloch Verlag, August 1989 – Die Heilige Schrift des Alten und Neuen Testamentes ISBN 3-629-00996-4 (1. Buch Mose Gen 1,3) (Gen 1,27)

„Das Buch der Unendlichkeit", Librero Verlag 2015, auf S. 120 über den Goldenen Schnitt und Leonardo da Vinci – ISBN 978-90-8998-361-9

Müller Brigitte & Günther Horst: „Reiki – Heile dich selbst" 11. Auflage 1994, ISBN 3-8138-0209-4

Prana, nachzulesen in: Brockhaus Enzyklopädie (24), Band 7 / 19. Aufl., ISBN 3-7653-1100-6 Qi (oder Chi), ebd.

Dennison Paul E. & Gail E.: „Brain-Gym – Handbuch" VAK Verlag, 2. Auflage, 2013, ISBN 978-3-86731-071-0

Scheffer Mechthild: „Die original Bachblüten Therapie" Irisiana Verlag, 2. Auflage, 2015, ISBN 978-3-424-15189-3, S. 21, 31 f., 34

www.hildegard-universitaet.de / www.kathpedia.de – Peter Seewald: Kult; München2007,73 Hildegard von Bingen Visionen & Mystik

„Beschreibende und funktionelle Anatomie des Menschen" von Prof. Dr. Kurt Tittel, 9. Auflage, VEB Gustav Fischer Verlag, Jena 1981, Sinnesorgane auf folgenden Seiten: 514 / 514 / 477 / 466 / 520 / 527 / 530 / 45 7 / 27 / 251 / 26

Carter Rita: „Das Gehirn" DK Verlag, München 2014, ISBN 978-3-8510-2658-6

Blomberg Harald Dr.: „Bewegungen, die heilen" VAK Verlag, 2. Auflage, ISBN 978-3-86731-101-4, S. 99, Entwicklung motorischer Fähigkeiten – primitive Reflexe, S. 30–35

„Die Bibel" – Einheitsübersetzung, 1. Auflage, 2016, Katholisches Bibelwerk, Stuttgart, ISBN 978-3-460-44000-5, S. 1523, Visionen eine Form des Offenbarungsempfangs bei Propheten und Apokalyptikern (Gen 37, 5/40, 1/41, 12)

„Die Bibel" – Lutherübersetzung, ISBN 978-3-438-03305-5, Prophetische Visionen, Jes 6,1-13 / Hes 1,1 – 3,27

„Joseph deutet Träume", Kinderbuch Egmont Horizont Verlag, Filderstadt

Max-Planck-Institut / Max Planck Gesellschaft = www.mpg.de

„Der Körper des Menschen", Prof. Dr. Adolf Faller, 9. Auflage, S. 16, Thieme Verlag, 1980, ISBN 3133297090

Schlauer als andere Vögel, „Raben sind ganz schöne Überflieger", www.stern.de, 24.11.2015, Forschergruppe Uni Oxford um Alex Kacelnik

Geist und Gehirn, Tierintelligenz, www.spektrum.de, von Michael Lenz, 26.04.2015, Denkende Elefanten spielen Polo, Forscher: Joshua Plotnik

„Intelligenz der Vögel", Prof. Dr. Dr. Gerhard Roth vom Institut für Hirnforschung der Uni Bremen, Vortrag, www.ifh.uni-bremen.de

Menzel Randolf, Eckodt Matthias: „ Die Intelligenz der Bienen" Knaus Verlag München, ISBN 979-3-8135-6665-5

Lütz Manfred: „Irre! Wir behandeln die Falschen. Unser Problem sind die Normalen", Gütersloher Verlagshaus, 5. Auflage 2009, ISBN 978-3-579-06879-4

Berne Eric: (1991), Transaktionsanalyse der Intuition – ein Beitrag der Ich-Psychologie, Junfermann Verlag, Paderborn, S. 36

www.neunercode.com – Die Venusblume von Werner Johannes Neuner – wikipedia unter Venus (Planet) Punkt 4 Beobachtungen = bildhafte Darstellung des 8-straligen Sterns, YouTube, „Die Signatur der Sphären" (Trailer), Hartmut Warm, Erforscher der Sphären-Harmonie, www.keplerster.de, Autor = Signatur der Sphären (DVD)

www.scinexx.de – Das Wissensmagazin, „Higgs Boson zerfällt in Quarks" 24.10.2017

Augustinus, „De quantitate animae" 36,80, zitiert nach Lanczkowski: „Einführung in die Religionswissenschaften", S. 21

Decker Doris: „Frauen als Trägerinnen religiösen Wissens" Konzeptionen von Frauenbildern in frühislamischen Überlieferungen bis zum 9. Jahrhundert, W. Kohlhammer Verlag, Stuttgart 2013, ISBN 978-3-17-022335-6

Sonnenlied des Königs Echnatons, S. 6 in „Die Welt der Religionen", Ravensburger Verlag – Das Judentum, S. 136

„Religionen der Welt", Herder Spektrum, ISBN 3-431-05250-4 – Judentum, Islam, Christentum, Hinduismus, Buddhismus

Agrippa von Nettersheim, Brockhaus – Enzyklopädie, a. a. O.

Mandelbrot, Brockhaus – Enzyklopädie, a. a. O.

Fiebag Peter, Gruber Elmar, Holbe Rainer: „Mystika" Die großen Rätsel der Menschheit Weltbild Verlag, ISBN 3-8289-0804-7 „Welturdunkel" S.171

Zitat Albert Einsteins, mensch-sein-heute Blog, 02.09.2015 von Carsten Sann / Schöne Zitate meiner Lieblingsdenker, schillmann.com / www.guteZitate.com

Aristoteles, Euklid, Brockhaus – Enzyklopädie

„Das große Lexikon der Heilsteine, Düfte und Kräuter" Methusalem Verlag, 20. Auflage, Neu-Ulm 2012, ISBN 978-3-9811492-03

„Das Christentum", eine Chronik, Tosa Verlag, 2005 – Hildegard von Bingen = S. 177 / Meister Ekkart = S. 176, ISBN 3-85492-918-8

Heepen H. Günther: „Schüßler-Salze" Gräfe und Unzer Verlag, München 2007, 4. Auflage, 2009, ISBN 978-3-8338-0945-3

Krämer Claus: „Die Heilkunst der Kelten" 10. Auflage, Mai 2015, Achirmer Verlag, ISBN 978-3-8434-1176-9, Efeu, S. 136 / Baldrian, S. 134

Ruland Jeanne: „Krafttiere begleiten dein Leben" Schirmer Verlag, Darmstadt 2017, ISBN 978-3-8434-1297-1

Woelm Elmar: „Mythologie Bedeutung und Wesen unserer Bäume" Shakermedia Verlag, 2. Auflage, Februar 2017, ISBN

978-395631-555-8

Schmidt K. O.: „In dir ist das Licht", vom Ich-Bewusstsein zum Kosmischen Bewusstsein –Drei Eichen Verlag, 9. Auflage, 2002, ISBN 3-7699-0457-3

Niklas & Nicklas: „Kinesiologie" Kopfgold-Verlag, 1. Auflage, 2012, ISBN 978-3-943424-02-7

Thie John F. & Matthew: "Touch for Health" VAK Verlag, 4. Auflage, 2014, Kirchzarten bei Freiburg, ISBN 978-3-935767-82-8

FSC
www.fsc.org
MIX
Papier | Fördert
gute Waldnutzung
FSC® C083411

Zeitfracht Medien GmbH
Ferdinand-Jühlke-Straße 7
99095 Erfurt, Deutschland
produktsicherheit@kolibri360.de